新时代
共享发展
论丛

新时代
无障碍与融合
共享发展

（2021）

杨会良　康　丽　曾红艳　等◎著

ACCESSIBILITY AND INCLUSIVE SHARED
DEVELOPMENT IN THE NEW ERA
（2021）

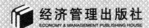

经济管理出版社
ECONOMY & MANAGEMENT PUBLISHING HOUSE

图书在版编目（CIP）数据

新时代无障碍与融合共享发展 . 2021/杨会良等著 . —北京：经济管理出版社，2022.6
ISBN 978-7-5096-8515-0

Ⅰ . ①新…　Ⅱ . ①杨…　Ⅲ . ①残疾人—社会服务—研究—江苏　Ⅳ . ①D699.69

中国版本图书馆 CIP 数据核字（2022）第 099602 号

组稿编辑：王光艳
责任编辑：李红贤　亢文琴
责任印制：黄章平
责任校对：王淑卿

出版发行：经济管理出版社
　　　　　（北京市海淀区北蜂窝 8 号中雅大厦 A 座 11 层　100038）
网　　址：www. E-mp. com. cn
电　　话：（010）51915602
印　　刷：唐山昊达印刷有限公司
经　　销：新华书店
开　　本：720mm×1000mm/16
印　　张：12
字　　数：209 千字
版　　次：2022 年 6 月第 1 版　　2022 年 6 月第 1 次印刷
书　　号：ISBN 978-7-5096-8515-0
定　　价：68.00 元

编委会

主　任：杨会良
副主任：康　丽　曾红艳
委　员：杨会良　康　丽　曾红艳　涂平荣　孙计领
　　　　杨克瑞　张伟锋　梅晓红　于　莉　田思峰
　　　　徐　梦

序

　　《新时代共享发展论丛》（以下简称《论丛》）是江苏共享发展研究基地（以下简称"基地"）计划每两年推出的系列成果。江苏共享发展研究基地是经江苏省委省政府、江苏省社科联于2019年8月获批的江苏省决策咨询研究基地。基地是由南京特殊教育师范学院联合北京大学人口研究所、江苏省老龄协会、江苏省残联残疾人事业发展研究会，在整合各方优质资源的基础上搭建的决策咨询研究平台，它侧重于利用各方长期耕耘的研究领域深入探索与坚持共享发展、促进共同富裕等相关政策的决策服务。两年多来，经过老、中、青三代学者的共同努力，基地在决策咨询服务方面取得了丰硕的成果，而《论丛》就是这些成果的结集出版。

　　本书是这一共享发展系列丛书的开篇之作，首要聚焦的是残老融合发展、无障碍环境建设以及特殊教育高质量发展等议题。党的十八大以来，以习近平同志为核心的党中央一直格外关心和重视中国的残疾特殊困难群体，习近平总书记针对残疾人事业发展作出了一系列重要论述，他指出，"中国将进一步发展残疾人事业，促进残疾人全面发展和共同富裕"，"全面建成小康社会，残疾人一个也不能少"。《中华人民共和国国民经济和社会发展第十四个五年规划和2035年远景目标纲要》开启了我国全面建设社会主义现代化国家的新征程，其中，第十四篇"增进民生福祉　提升共建共治共享水平"以及第五十章"保障妇女未成年人和残疾人基本权益"明确列出了残疾群体的帮扶、就业、教育、康复、托养照护以及无障碍设施改造等内容，以提升残疾人保障和发展能力，第十六章"加快数字社会建设步伐"则明确提出了加快信息无障碍建设的要求，以帮助老年人、残疾人等共享数字生活。无疑，残老融合发展、无障碍环境建设以及特殊教育高质量发展正是题中之义。此外，本书还收录了公共卫生安全、大学生就业等议题的决策文章，它们有的是响应江苏省社科联号召提交的决策咨询报告，有的是基地开放课题的资助成果。本书所收录的文章既注重顶层设计探讨，又注重加强实践路径研究，在制度、机制、问题解决等方面从多个角度、采用多种方法进行深入研究，并最终提出多维实践路径和政策建议。

　　未来，江苏共享发展研究基地将继续积极探索如何将科研成果转化为社会服务，继续努力实现为江苏省委省政府及各级地方政府、相关部门的共享发展建设提供高水平的决策咨询、智力支持、政策服务和学术引导的建设目标。

　　由于时间紧迫且人手缺乏，编辑工作难免出现各种疏漏，欢迎学术界同人批评指正。

江苏共享发展研究基地首席专家　杨会良

2022 年 1 月 19 日

目　录

第四篇　公共卫生安全与大学生就业

第一篇　残老融合发展

高质量发展视域下残疾人就业社会支持体系建设研究

杨会良*

内容摘要：党的十九届五中全会提出建议，将巩固拓展脱贫攻坚成果和残疾人康复、教育、就业、社会福利、服务体系等内容纳入"十四五"时期国民经济和社会发展大局。本文在高质量发展视域下，从整体就业率、就业范围限制、就业社会支持三个层面分析了残疾人就业中存在的问题和不足，基于增权理论，从工具支持、信息支持、情感支持、技能支持、保障支持五个维度提出构建残疾人就业支持体系，并提出将政府、企业、社会组织、非营利组织和残联，与家庭亲属和社会关系网络结合起来，共同促进残疾人的就业。在此基础上，本文提出了如下对策建议：通过立法保障残疾人的就业权益，消除就业歧视；政府主导完善残疾人就业安排和相关的教育培训；社会组织广泛参与，扩大残疾人就业的支持和扶持；鼓励残疾人个体拓宽和利用好社会关系网络，鼓励个体就业，扩大就业面，提升就业层次。本文研究的最终目的是，在各主体的互动中实现增权，残疾人的自我效能感得到提升，获得更多的人际关系资源，通过自我支持性团队的构建，进一步促进就业。

关键词：残疾人就业；社会支持；体系建设

* 杨会良，男，博士，南京特殊教育师范学院管理学院教授，博士生导师，江苏共享发展研究基地首席专家，研究方向为公共管理、教育经济与管理、残疾人事业管理。

引　言

残疾人是社会的弱势群体，如何对待残疾人是衡量一个社会文明程度的重要尺度之一。党的十九大以来，以习近平同志为核心的党中央从增进人民福祉的角度出发，强调并确立了决胜全面建成小康社会的宏伟目标。党的十九大报告明确提出"发展残疾人事业，加强残疾康复服务"，《中共中央关于制定国民经济和社会发展第十四个五年规划和二〇三五年远景目标的建议》也对残疾人工作做出了新部署、新要求，将巩固拓展脱贫攻坚成果和残疾人康复、教育、就业、社会福利、服务体系等内容纳入"十四五"时期国民经济和社会发展大局，为新时代中国残疾人事业发展，实现共同富裕的宏伟目标指明了方向。政府机关、事业单位、国有企业等国有用人单位对待残疾人的态度具有强大的社会引导和导向作用，各级政府营造平等对待残疾人的社会氛围是中国社会文明程度不断提高的重要体现。同时，社会大众是营造助残扶残社会氛围的主要参与者，也是实现助残扶残目标的主要践行者。社会大众对残疾人、残疾人事业的认识水平和认知高度对于营造积极助残扶残的社会氛围具有极其重要的作用。

就业是民生之本。党的十九届五中、六中全会为推动新阶段残疾人事业高质量发展尤其是残疾人就业工作提供了新的机遇。目前，我国残疾人事业将进入高质量发展阶段，通过社会各方提供支持进而解决残疾人的就业问题，有利于残疾人通过就业摆脱生活困境。中国残联全国残疾人就业和职业培训信息管理系统的相关数据显示：2020 年全国城乡持证残疾人就业人数为 861.7 万，城镇持证残疾人新增就业 13.2 万，农村持证残疾人新增就业 24.9 万，城乡持证残疾人新增实名培训 38.2 万人。

残疾人在社会生产生活中主要面临社会融入度不高、就业率低等现实问题，其主要原因在于残疾人群体身体条件的限制性、心理健康的缺陷性、社会认同的排斥性。因此，构建完善的社会支持体系与社会保障机制，切实维护残疾人的各项权益，提升残疾人心理健康与生活满意度，提升残疾人社会归属感是解决问题的关键。扶助有就业能力、符合就业年龄的残疾人群体实现就业，形成一个整体性的残疾人就业保障机制，是现今残疾人群体就业保障工作应努力的方向。

一、文献综述与理论基础

（一）文献综述

1. 残疾人就业的研究现状

国外关于残疾人及其就业问题的研究开始较早，1920 年美国针对残疾人就制定了专门的法律，此后各国对残疾人就业立法普遍重视，之后各国纷纷建立自己的残疾人就业法律体系。国外学者初始以残疾人康复权威研究为重点，后来慢慢转移到残疾人就业问题研究，即对残疾人就业现状、影响因素与促进措施进行研究，并关注残疾人就业政策的制定和实施。

我国残疾人就业问题的相关研究开始于 20 世纪 80 年代末 90 年代初，研究涉及残疾人就业的法律政策、社会保障、就业需求、就业权利以及残疾人职业教育等问题。潘光莉指出，残疾人就业恶劣环境的产生源于制度排斥、教育排斥、观念排斥等多重社会排斥的叠加作用，在同等的条件下，即使残疾人的人力资本存量更高，用人单位也愿意招收正常人。[①] 张琪、吴江等通过对残疾人就业模式的国际比较以及对中国残疾人就业阶段研究，残疾人集中与分散按比例就业形势分析的基础上提出了残疾人就业保障模式配套措施。[②] 许琳和张晖根据第二次全国残疾人抽样调查数据提出，必须强化政府在扶助残疾人就业中的责任，发挥政府在解决弱势群体问题中的主导作用；通过运用公共权力对社会资源的重新分配，给予残疾人弱势群体以特别的物质保障；通过制定公共政策，对残疾人提供公共政策支持；通过公共服务职能，向残疾人群体提供社会服务和社会保护。在

① 潘光莉. 从社会排斥视角看残疾人的就业状况 [J]. 贵州民族学院学报（哲学社会科学版），2007（2）：39-42.

② 张琪，吴江，等. 中国残疾人就业与保障问题研究 [M]. 北京：中国劳动社会保障出版社，2004：168.

残疾人社会支持体系中，政府有能力也应该承担主导力量的角色。①

国内的研究虽然起步较晚，但也逐渐形成了自己的研究体系，取得了一定的研究成果。国外对残疾人就业社会支持的理论研究逐渐完善并不断深入，对我国残疾人就业的社会支持研究有很好的指导作用。但是由于国内外国情不同、背景不同，发达国家的残疾人就业情况与我国有区别，国内关于残疾人就业的研究数量和质量与国外有较大的差距，特别是关于社会支持体系建设方面，多停留在政策制度上，而忽视了社会情感支持方面。

2. 社会支持的研究现状

"社会支持"作为一个精神病学专业词语首次出现在 20 世纪 70 年代，当时的学者主要从功能和操作两方面来理解社会支持的含义：从功能的角度来看，社会支持是指社会中的个体在其所处的网络关系中获得的支持；从操作的角度来看，社会支持是衡量社会中个体所掌握的社会资源的标准之一。② 近年来，不同学者从不同的角度对社会支持的概念进行了界定。例如，科布（Cobb）从客观角度解释社会支持，认为社会支持是一种信息，这种信息能够使获得信息的人感受到被关怀、被热爱、被尊重、被欣赏，或感到自己归属于某个互相交流、互相负责的网络。③ 怀斯提出，社会支持的六种不同形式包括社会整合、对价值的重新确认、可靠的联盟、指导和教育的机会等；沃克斯则把社会支持分为情感支持、社会化、实际支持、经济支持、建议指导等几大类。④ 我国有关社会支持理论的研究多集中在弱势群体的社会支持方面。在残疾人就业方面，社会支持主要集中在社会的多元主体给予残疾人各种经济、情感、信息、技能等各方面的帮助和扶持，提高残疾人的幸福满意指数，维护弱势群体的合法权益，促进整个社会的和谐发展。⑤

（二）增权理论

增能理论关注人的个体发展，并着重于增强其能力，对于残疾人社会工作中

---

① 许琳，张晖. 从西部残疾人就业现状透视政府在弱势群体扶助中的责任［J］. 河南师范大学学报（哲学社会科学版），2007（6）：89-92.

② 张彩萍，高兴国. 弱势群体社会支持研究［M］. 兰州：兰州大学出版社，2008.

③ Cobb S. Social Support as a Moderator of Life Stress［J］. Psychosomatic Medicine，1976，38（5）：300-314.

④ 阮曾媛琪. 中国就业妇女社会支持网络研究——"扎根理论"研究方法的应用［M］. 熊跃根，译. 北京：北京大学出版社，2002：36.

⑤ 严新明. 残疾人就业的社会支持研究［J］. 社会保障研究，2016（1）：184-192.

的增能主要是指帮助残疾人通过学习、职业技能培训的方式增加其自身的能力，降低其心理压力并鼓励其发挥自身优势，激发自身的潜能。运用增能理论可以促进残疾人就业能力的提升，并帮助其提高就业率。[①] 增强权能是指增强人的权力和能力。增权理论强调，个人能力的不足主要是由于外界环境的影响以及个人因种种原因受到压迫造成的后果，而通过社会服务对个人行为进行支持，提供的帮助并不是简单地赋予其权利，而是通过激发个人潜能、挖掘内在潜力完成的。

为了帮助残疾人融入社会，改善生活质量，提高生活水平，国家和社会不断推出各种社会支持和社会保障措施。但现有相关研究还比较少，基于增权理论研究残疾人就业社会支持体系具有重要的理论意义，有利于残疾人就业问题的理论探索，以及残疾人就业社会支持体系的完善。本文针对残疾人就业的社会支持研究，在帮助残疾人实现就业方面具有一定的理论意义。

二、残疾人就业存在的问题与原因分析

由于残疾人有着生理或心理缺陷，其能力不同程度地受到损伤，以致难以从事某些工作或不能以正常方式从事某些工作，在劳动参与方面受到限制。经过多年努力，我国残疾人事业虽然有了较快发展，但残疾人生活仍然低于全社会平均水平，残疾人事业仍然滞后于其他社会群体事业发展，保障和改善残疾人的生活和事业仍然是当下最突出和紧迫的任务。

（一）残疾人就业存在的问题

1. 残疾人整体就业率不高

我国残疾人数量很多，普遍存在就业率较低的问题，尤其是在农村地区情况更为严峻，大部分残疾人无法获得就业机会，只能依靠政府的救济生活（见图1）。同时，不同类型的残疾人在就业问题上存在一定的差异，精神障碍者、智障者及眼盲者比其他类型的残疾人更难就业，能力的差异性导致残疾人就业率不高。在

---

① 聪慧. 社会工作介入残疾人就业研究［D］. 呼和浩特：内蒙古师范大学，2020.

劳动力市场中，残疾人的能力与素质无法满足用人单位的需求，导致我国残疾人整体就业的质量不高（见图2）。

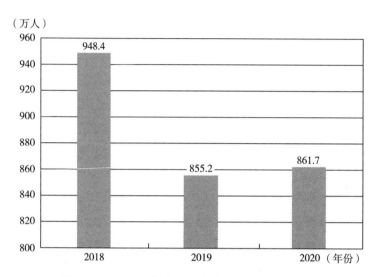

图1　2018~2020年全国城乡持证残疾人就业人数

资料来源：《2020年残疾人事业发展统计公报》。

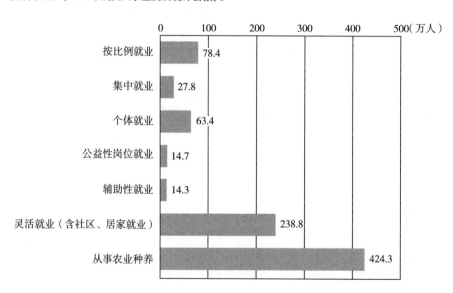

图2　2020年全国城乡持证残疾人就业情况

资料来源：《2020年残疾人事业发展统计公报》。

2. 残疾人就业范围存在限制

残疾人就业仍然停留在传统的、低端的劳动方式和领域之上，难以满足现代工作岗位对较高层次劳动力的需求，过分看重"是否就业"的结果，对残疾人的就业过程和质量考虑不够，残疾人中的就业者虽然在一定程度上解决了他们的部分收入来源问题，但很多工作并未给残疾人带来乐趣和自我实现的满足感，反而常常成为一种负担，大多数残疾人难以实现体面就业。以盲人按摩人员为例，截至 2020 年，全国共培训盲人保健按摩人员 12761 人，与 2019 年相比减少 1917 人，与 2018 年相比减少 6971 人（见图 3）。截至 2020 年，全国共培训盲人医疗按摩人员 7820 人，与 2019 年相比增加 502 人，与 2018 年相比减少 2340 人（见图 4）。其中，获得盲人医疗按摩人员初级职务任职资格 621 人，与 2019 年相比减少 2 人，与 2018 年相比减少 332 人（见图 5）；获得盲人医疗按摩人员中级职务任职资格 138 人，与 2019 年相比增加 72 人，与 2018 年相比增加 16 人（见图 6）。通过相关数据，培训盲人保健按摩人员数量与获得盲人医疗按摩人员初级职务任职资格人数总体呈现逐年减少的态势，获得盲人医疗按摩人员中级职务任职资格人数有一定程度的提高，既体现出社会对按摩从业人员准入门槛的提高，也体现出残疾人就业范围存在一定的局限性和困难性。

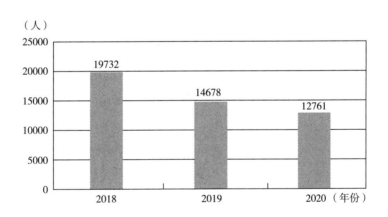

图 3 2018~2020 年全国培训盲人保健按摩人员数量

资料来源：《2020-2026 年中国残疾人专用车行业市场战略规划及供需策略分析报告》。

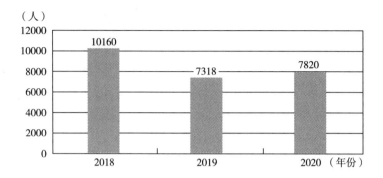

图4 2018~2020年全国培训盲人医疗按摩人员数量

资料来源：《2020-2026年中国残疾人专用车行业市场战略规划及供需策略分析报告》。

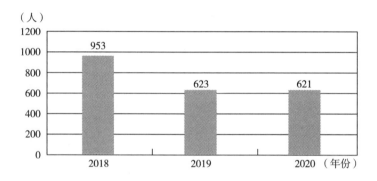

图5 2018~2020年全国获得盲人医疗按摩人员初级职务任职资格人数

资料来源：《2020-2026年中国残疾人专用车行业市场战略规划及供需策略分析报告》。

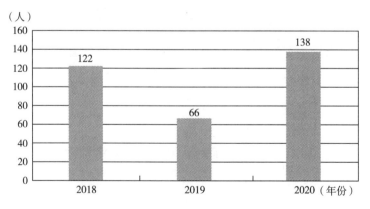

图6 2018~2020年全国获得盲人医疗按摩人员中级职务任职资格人数

资料来源：《2020-2026年中国残疾人专用车行业市场战略规划及供需策略分析报告》。

3. 残疾人就业社会支持功能发挥不够

在残疾人就业问题上，大部分人仍以慈善的、特殊优待的思维看待残疾人就业问题。因此，在这种习惯思维的指导下，残疾人就业更多的是被视为残疾人福利问题，在实践中很少将残疾人作为一个特定的社会群体加以统筹考虑，各用人单位录用残疾人的积极性也不高。

（二）残疾人就业问题形成的原因

1. 残疾人就业缺乏社会支持

身体条件因素、心理因素、家庭因素等内在因素对残疾人就业会产生很大的影响，除此之外，政府政策、社会环境、就业需求等外在因素对残疾人就业也存在极大的影响，缺乏社会支持是形成残疾人就业困境的主要原因之一。

以残疾人创业支持为例，2018 年中国残联、国家发展改革委、人力资源社会保障部、教育部等 15 部门联合印发了《关于扶持残疾人自主就业创业的意见》，为残疾人创业提供了一系列的政策支持，涵盖资金扶持、创业指导、税收减免、优先照顾等多个层面，明确了保障主体、保障方式、反馈机制。在实际的社会生产中，残疾人创业虽有政策支持，但由于残疾人本身缺乏专业知识、社会普遍认同缺失，加之社会环境快速变化，往往导致残疾人创业质量差、收效少、难持续。

以残疾人无障碍服务为例，工业和信息化部先后发布了《信息无障碍身体机能差异人群网站设计无障碍技术要求》《网站设计无障碍技术要求》，鼓励社会、企业开发无障碍管理技术与服务，推进加快无障碍技术与服务的应用。但是在实际无障碍服务供给层面，我国仍然面临地区间水平不同、服务不同、渠道不同等一系列问题，表 1 为 2019 年第一季度全国各省份（不含港澳台）政务信息无障碍建设情况。北京、上海政务服务网站无障碍服务效能指数分别位列第一、第二，湖南、甘肃、西藏和贵州政务服务网站无障碍服务效能指数分别占据排名的前三至六位。从各省县、区以上政府门户网站无障碍建设指数来看，只有上海达到了 100%，7 个省份达到 50% 以上，16 个省份低于 20%，新疆、青海、云南、内蒙古、西藏、黑龙江不足 10%。拓宽无障碍信息交流渠道，推动我国政府政务信息无障碍环境建设，提升和强化各级人民政府政务信息的公共服务水平仍是当前亟待解决的问题。

表1 2019年第一季度全国各省份政务信息无障碍建设情况

省份	省级政府门户网站 无障碍服务能力指数	省级政务服务网站 无障碍服务效能指数	各省县、区以上政府 门户网站无障碍建设指数
北京	89.92	88.76	72.3
新疆	88.59	27.51	8.7
青海	88.54	27.56	1.9
海南	88.36	18.72	15.4
上海	86.88	87.88	100.0
贵州	86.74	67.24	14.3
吉林	70.3	27.56	22.9
云南	70.3	19.08	5.5
天津	70.24	29.16	11.8
河北	70.06	25.24	12.7
宁夏	70	27.72	17.9
湖北	69.52	24.68	23.6
湖南	69.04	68.92	73.7
江苏	68.62	27.9	30.7
四川	68.62	19.08	55.1
福建	68.5	19.5	18.3
甘肃	67.84	68.5	16.8
江西	67.48	19.14	61.1
山西	67.48	25.36	20.0
河南	67.3	19.44	27.2
内蒙古	66.4	18.78	9.7
安徽	65.8	24.62	83.6
广东	65.32	39.76	53.6
浙江	63.88	25.24	43.6
西藏	25.8	67.72	1.2
黑龙江	25.32	27.9	6.9
陕西	25.26	27.41	29.9
山东	25.14	27.46	43.5
广西	24.9	19.02	17.7
辽宁	24.6	27.64	11.3
重庆	24.42	28.5	12.8

注：表中数据不含港澳台。

资料来源：http://www.xiongan.gov.cn/2019-02/28/c_ 1210069806.htm.

2. 残疾人能力评估工具的限制

寻求就业的残疾人最常提到的问题与健康问题有关。很多残疾人由于自身的身体所限，自身能力不足，对于很多岗位是没有胜任能力的，也缺少相应的职业技能，这也是残疾人就业最困难的原因。在工作能力方面，残疾人自我评估的工作能力与正式认证的工作能力也会存在显著差异。

就业和自我评估的工作能力之间有更强的相关性，而残联作为专门的残疾人劳动就业服务机构仍需发挥主体作用，主导评估体系的构建。科学引导残疾人通过信息化工具开展自我评估和能力测评是亟待解决的问题。从当前的现状来看，一方面，利用信息化技术，对就业残疾人的工作情况、岗位适配、离职原因等数据以及未就业残疾人的就业需求、就业意愿等数据进行集成、管理、分析的相关工作仍存在欠缺。另一方面，残疾人自我评估工具与过程的科学化、高效化、规范化仍需进一步研究与完善，涉及残疾人自评与过程化评价的指标体系仍需科学论证。

3. 残疾人就业教育的缺失

影响残疾人就业的主要因素是教育。我国《中华人民共和国宪法》第四十五条、《中华人民共和国教育法》第十条、《国家中长期教育改革和发展规划纲要（2010—2020年）》第六章和第十章都对发展残疾人教育予以支持性规定，而《中国残疾人事业"十二五"发展纲要》和《国家教育事业发展第十二个五年规划》，以及2016年的《"十三五"加快残疾人小康进程规划纲要》则对残疾人职业教育的发展作出了具体安排。

进一步扩大残疾人教育和职业技能培训，不断提升残疾人职业素质和就业创业能力，是保障残疾人就业的重要一环。从我国残疾人教育发展现状来看，残疾人就业教育仍存在缺失，2020年，全国仅有特殊教育普通高中（部、班）104个，在校生10173人，非学校教育和早期辍学的发生率是普通人口的七倍。在接受教育的机会方面，农村地区早期辍学的大多数为弱势群体，弱势群体中的残疾人早期辍学发生率高出普通人两倍。在欧洲，29.4%的残疾人完成了高等教育或同等学力，而非残疾人的这一比例为43.0%。同样地，在美国，研究表明，与没有残疾的同龄人相比，残疾人学生的毕业率要低一些。其他研究表明，一些学校的毕业率类似，但完成学业的时间仍然较长，比如2020年，我国残疾人中等职业学校在校生17877人，毕业生仅4281人，毕业生中仅1461人获得职业资格证书。同时，残疾学生在某些领域的比例也往往过高，比如人文学科。从整体数据来看，我国残疾人教育事业仍然需要进一步发展与提升，以保证残疾人教育的质量与公平。

4. 企业经济效益与残疾人就业之间的矛盾

2015 年，《国务院关于加快推进残疾人小康进程的意见》提出：各级残疾人就业服务机构和公共就业服务机构要免费向残疾人提供职业指导、职业介绍等就业服务；残疾人就业保障金对残疾人自主参加的职业培训可以按规定予以补贴；加强劳动保障监察，严肃查处强迫残疾人劳动、不依法与残疾劳动者签订劳动合同、不缴纳社会保险费等违法行为。在实际的社会生产活动中，仅仅依靠就业服务机构和公共就业服务机构对残疾人进行就业帮扶很难产生有效的帮扶效果，劳动保障监察虽然能够有效保障残疾人的合法权益，但同时也会在一定程度上加剧社会企业或其他单位在就业过程中对残疾人的歧视，进而通过减少招用残疾人员工逃避社会责任。

残疾人士的雇主类型与一般人口的雇主类型没有显著差异。因此，大约 61%的有工作的残疾人受雇于私企，31% 受雇于公共或国有企业。就业保护隔离单位非常低，约为 1%。从雇主的角度来看，雇主对将残疾人纳入劳动力市场的原则持积极态度，但对其实际就业持谨慎态度，提出的理由包括：担心生产率较低、需要更仔细的监督或因医疗问题缺勤的可能性较高等。

三、发达国家或地区促进残疾人就业的经验与借鉴

（一）美国促进残疾人就业的经验

美国在残疾人就业社会支持方面比较突出的做法就是，提供形式多样的公共政策支持，如收入支持计划。在收入支持计划中，财政支出最大的是社会保障伤残保险计划（Social Security Disability Insurance，SSDI），以及 SSDI 不能覆盖的补充保障收入计划（Supplemental Security Income，SSI）[1]。同世界其他国家的政策一样，美国的收入支持计划也存在如何既能保证残疾人的收入足够维持生活又能

---

① 闫宇豪，李翔. 社会转型期残疾人就业问题探析［J］. 科技情报开发与经济，2007（5）：102-103.

激励他们重返工作岗位的问题，为此，美国又出台了其他的补充支持计划等政策，如职业康复计划、工作培训计划等。美国的残疾人就业支持政策主要包括：社会保障伤残保险计划、补充保障收入计划、劳工补偿计划、事故和伤害预防计划、职业康复计划。

美国的残疾人服务强调多主体共同参与，是非政府残疾人服务组织数量最多、服务项目最完备、服务人性化特征最突出的国家之一。美国的非政府残疾人服务组织，必须得到政府有关部门的认证和批准，严格按照宗旨开展活动，不同的组织重点为不同的残疾群体提供特殊需求服务，与此同时，美国的非政府残疾人服务组织的志愿者人数众多并且来源广泛，有着浓厚的志愿者服务文化。残疾人的自主参与程度和权益意识较高。美国的非政府残疾人服务组织十分重视残疾人的参与度和自我发展能力的培养，强调自决权和"增权"对残疾人个体的重要性。

（二）日本促进残疾人就业的经验

作为东亚地区发达国家的代表之一，日本在社会工作的开展时间上起步较早，在残疾人就业方面也有很多优秀经验值得借鉴。日本是率先推广社会保险的亚洲国家之一，对于残疾人而言社会保险的覆盖范围十分广泛，在经济方面尤其是就业方面对残疾人有十分重要的意义。日本首先制定了《残疾人对策基本法》，这是一份国家级别的残疾人保障法律文件，这份文件从根本上奠定了残疾人作为受保护对象的身份。在此之后，日本为支撑残疾人就业体系，对残疾人职业培训和残疾人劳动力的社会吸纳安置提出了诸多法案并得到了有效实施。随着社会的发展，与我国相仿的集中就业模式和按比例就业模式在日本推行，日本开始创立集中残疾人劳动者就业的企业单位，推行具有一定强制力保障的法律法规，要求企业重视残疾人的就业工作，须按地方标准和企业总劳务人员的比例提供专供残疾人的就业岗位。日本的残疾人就业保障金不仅带有惩罚性，也具有奖励性，收取的残疾人就业保障金将抽取部分用于激励、表彰在残疾人就业工作中表现出色的企业。在劳动力市场之外，日本还建设了面向残疾人群体的多功能服务中心。服务中心可以接纳残疾人入住，对各个等级、各个类型的残疾人统一管理，除了生活上的保障之外还提供职业技能培训服务和基本的自立生存技能指导，帮助残疾人群体更好地走入社会，力图打破主流群体与残疾人群体之间的隔阔。残疾人多功能服务中心在日本的残疾人工作中扮演了促进日本残疾人"自强自立"，打碎社会面对残疾人群体所背负的"高福利"包养的经济枷锁，更好地帮助残疾人群体融入主流社会。

（三）澳大利亚促进残疾人就业的经验

澳大利亚出台的《残疾歧视法案》（*The Disability Discrimination Act*，DDA）中将拥有以下特征之一的人群定义为残疾人：①全部或部分丧失身体功能或脑力功能；②全部或部分丧失身体的某一部分；③引起疾病的身体有机体存在；④身体某一部分的机能失常、畸形或有缺陷；⑤患有学习或方向性困难；⑥患有影响人的思想过程、对现实的感知、情感以及判断或导致行为不正常的疾病。具体而言，主要包括的个体有：①现在存在这些特征；②以前存在但是现在不再存在这些特征；③将来有可能存在这些特征；④被认为是（即被认为或暗示具有残疾特征但其实并没有）。

其实，澳大利亚在 20 世纪 80 年代就已经制定了有关残疾人的法律。1986年，澳大利亚成立了"人权委员会"（Australian Human Rights Commission，AHRC）。该委员会是一个独立机构，其职能之一就是负责调查和解决违反澳大利亚联邦机构有关反残疾歧视立法的行为。1992 年，澳大利亚联邦政府制定了《残疾歧视法案》，并于 1993 年 3 月正式实施。该法案的宗旨是：标准化全国范围对残疾人提供的权利；履行澳大利亚联邦政府作为国际残疾人权利宣言签署国的义务；监管联邦政府的歧视行为。其目的是确保残疾人和非残疾人一样拥有同等的权利、机会和享受服务，包括教育、医疗、就业、旅行、购物、娱乐等。《残疾歧视法案》规定了残疾标准、无障碍标准、行业准则以及行动计划，规定了澳大利亚人权委员会的职责。该法案中规定，残疾人的亲戚、朋友和护理人员如果因为与残疾人的关系而受到歧视也会受到保护。《残疾歧视法案》中的第四部分，明确指出了人权委员会反歧视行为的职责，其运行机制包括提出投诉、调查、调解。首先由人们以书面形式提出投诉，邮寄、传真或在线提交给人权委员会；人权委员会收到投诉书后会对投诉方和被投诉方进行调查；然后会力求以面对面或电话会议的调解方式解决问题，比如道歉、改变政策或赔偿等。如果投诉问题未得到解决，投诉方可以将问题提交法院，由法院进行裁定是否发生了非法歧视。人权委员会在极大程度上保障了残疾人的权利，促进了无障碍环境建设的立法和标准的有效履行。2004 年，生产力委员会（The Productivity Commission）对该法案的调查结果发现，尽管仍有改进的空间，特别是在减少就业歧视方面，但总体而言，该法案是相当有效的。除了人权委员会外，澳大利亚还有多种多样相关的助残社团组织，例如，澳大利亚残疾人联合会（Australia Federation of Disability Organizations，AFDO）、澳大利亚残疾人组织（Australia Disabled People′Organizations，DPO）、澳大利亚残疾人网络协会（The Australian Network on Disability，AND）等。这些社团组织对残疾人平等参与社会、经济、政治、人权、文化生活等方面进行了保障。

（四） 中国上海市促进残疾人就业的经验

上海是中国的经济前沿城市之一，其政策具有较强的参考意义。上海市 1993 年颁布了《上海市残疾人分散安排就业办法》，该文件是在上海市残疾人就业基本形式的基础上提出，以按比例分散就业作为服务上海市残疾人就业的主要办法。由此开始，经过上海市相关部门的严格执行和不懈努力，残疾人就业人数呈现出递进增长的形式，按比例就业成为上海市最为稳定有效的残疾人就业形式。2005 年，按比例就业的残疾人数量达到了 86811 人，是上海市残疾人按比例就业数量的顶点。随后，上海市残疾人通过按比例就业模式解决就业问题的比重和数量都开始降低，在 2010 年末达到稳定，数量上保持在 40000 人左右，由此开始这个数量长年停滞，这表明上海市促进残疾人就业的工作办法需要改革。目前，上海市促进残疾人就业的主要工作入手方向是教育。上海出台了为残疾人提供包括从学前教育到高等教育全方位涵盖的免费教育政策，同时，在经济上为残疾人及其所在家庭提供不同等级的经济补助，以期逐步提高上海市残疾人的受教育水平。不过美中不足的是，上海出台的教育帮扶政策当前主要面向的仍是普通教育领域，一方面特殊教育工作仍有较大的提升空间，另一方面已经进入社会的残疾人缺少提升自身文化素质水平的上升渠道。在残疾人康复和就业方面，上海市一直走在全国前列，也是较早开展残疾人综合教育培训和对口康复人才培训的地区。上海在残疾人培训活动上注重对残疾人生活技能的培训，强调对不同残疾人采取"个性化"的技能培训方式，同时激励企业招收残疾人进入实习岗位。目前，上海市在残疾人劳动力就业方面的重点工作是利用网络平台拓宽就业、创业途径，创新残疾人就业、创业方式。

（五）中国香港促进残疾人就业的经验

自 2000 年以来，香港特区政府在全港范围内共进行了三次关于残疾人士的统计调查（2000 年、2006~2007 年、2013 年）。香港特区政府统计处于 2014 年公布的《第 62 号专题报告书——残疾人士及长期病患者》显示，各残疾类别的估算人口数目均高于 2007 年的统计数据。除智障外，八个残疾类别（身体活动能力受限制、视觉有困难、听觉有困难、言语能力有困难、精神病/情绪病、自闭症、特殊学习困难、注意力不足/过度活跃症）在 2013 年的估算总人口数目为 578600 人，普遍率为 8.1%；智障人口的估算方式与其他类别不同，估算数目在 71000~101000 人，普遍率介于 1.0%~1.4%。

20 世纪 70 年代初，为协助残疾人士全面融入社会，香港特区政府成立了一个跨部门工作小组，在咨询有关政府部门和社会服务联会后，于 1976 年 7 月发表了《香港康复计划方案》，针对康复服务发展提出相应建议，该方案亦成为次年发表的康复政策白皮书《群策群力协助弱能人士更生》的重要参考。20 世纪 90 年代，香港地区开始重点推进残疾人士全面享有平等机会，参与各项社会活动。1996 年，《残疾歧视条例》出台，旨在保障残疾人士在就业、接受教育、居住和日常生活等方面享有平等的机会。进入 21 世纪后，香港地区开始大力发展社区力量，以保障居于社区的残疾人士及其家人能够得到所需的照顾和支援。2006 年，超过 80 个社会企业单位相继成立，为残疾人士提供更多就业及接受职业训练的机会。2008 年，中国中央政府将联合国的《残疾人权利公约》延伸到适用于香港，平等机会委员会基于《设计手册：畅通无阻的通道 2008》对 60 座公共处所的无障碍通道及设施进行了调查，并在 2010 年形成的调查报告中，从政策、操作及技术层面对香港特区政府提出了建议，指出了应对无障碍问题的相关政策方向和策略。2012 年 8 月，香港特区政府正式推出"人人畅道通行"计划，旨在扩大政府在行人天桥、高架行人路和行人隧道加装无障碍通道设施计划的范围，以方便市民的出入。

四、残疾人就业社会支持体系的构建

为帮助残疾人融入社会，改善生活质量，提高生活水平，国家和社会不断推出各种社会支持和社会保障措施，而增权理论为残疾人就业社会支持体系研究提供了理论支撑。增权理论强调，个人能力的不足主要是由于外界环境的影响以及个人因种种原因受到压迫造成的后果，而通过社会服务对个人行为进行支持，提供的帮助并不是简单地赋予其权利，而是通过激发个人潜能、挖掘内在潜力完成的。基于增权理论的思路，构建与完善残疾人就业社会支持体系，需要激发残疾人自身的潜力，各级各类政府需积极配合，丰富与完善有利于残疾人就业的社会氛围。就当前残疾人的就业情况而言，目前就业社会支持结构主要包括工具支持、信息支持、情感支持、技能支持、保障支持五大部分。残疾人就业社会支持关系包括正式社会支持和非正式社会支持。基于增权理论的残疾人就业社会支持体系模型如图 7 所示。

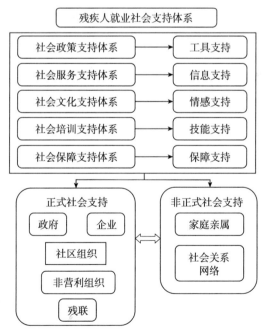

图 7　基于增权理论的残疾人就业社会支持体系

（一）残疾人就业社会支持体系

1. 社会政策支持体系——工具支持

在工具支持方面，要以《中华人民共和国宪法》为基础，以《中华人民共和国残疾人保障法》为核心，以《残疾人就业条例》《中共中央、国务院关于促进残疾人事业发展的意见》等作为具体领域的政策体系，强调全主体全面参与，协同合作，立法消除就业歧视。政府要充分发挥主导性、基础性、协调性作用，在推动经济发展与鼓励中小企业增加就业岗位的同时，切实关注残疾人就业的重点、难点、痛点，通过社会联动促进残疾人就业帮扶与职业技能提升，引导发挥社会支持工具的作用。同时，通过对残疾人建档立卡、完善"低保"政策、完善社保体系等方式，将残疾人帮扶事业纳入共同富裕与乡村振兴的进程当中。

以美国促进残疾人就业的经验为例，比较突出的经验是多样的公共政策支持。例如，通过社会保障伤残保险计划（Social Security Disability Insurance，SSDI）、补充保障收入计划（Supplemental Security Income，SSI）、工作培训计划、职业康复计划、劳工补偿计划、事故和伤害预防计划等政策切实保证残疾人工作的合法权益，除能够保障残疾人最低生活标准外，还鼓励残疾人重返工作岗位。

又如，澳大利亚在20世纪80年代就已经制定了有关残疾人的法律，1986年，澳大利亚成立了"人权委员会"（Australian Human Rights Commission，AHRC）。该委员会是一个独立机构，其职能之一就是负责调查和解决违反澳大利亚联邦机构有关反残疾歧视立法的行为。1992年，澳大利亚联邦政府制定了《残疾歧视法案》，此法案明确了澳大利亚残疾公民在教育、医疗、就业、旅行、购物、娱乐等社会生活方面享有与非残疾公民相同的权利、机会与服务内容。同时，此项法案明确了澳大利亚作为国际残疾人权利签署国的义务，为澳大利亚政府保障残疾人权利、监管联邦政府的歧视行为提供了法律依据。

2. 社会服务支持体系——信息支持

在信息支持方面，创造一个平等参与、信息畅通的良好环境，极大地方便了残疾人的就业工作和日常生活，使残疾人能够更加便利地融入社会，这是残疾人就业的基本保证。残疾人在接受和传播信息层面具有其群体的特殊性，这就需要不断提升残疾人获取信息的快捷程度、准确程度、科学程度，需要不断提升残疾人获取信息的效率。在当今社会，无障碍环境包括物质无障碍环境、信息与交流无障碍环境和社会文明无障碍环境三个层面。物质无障碍环境层面，需要以信息技术为依托，构建无障碍硬件支持平台；信息与交流无障碍环境层面，需要开发专门针对残疾人的无障碍信息服务技术，借助网站、微博、APP 等多种方式畅通残疾人获取信息的渠道；社会文明无障碍环境层面，需要通过社会宣传形成信息交流的无差别对待，避免产生对残疾人的信息歧视。

2018 年，交通运输部等七部门发布了《关于进一步加强和改善老年人残疾人出行服务的实施指导意见》，文件要求：加大对老年、残疾乘客的贴心服务力度，加强无障碍信息通用产品、技术的研发与推广应用；完善站场、枢纽、车辆设施的盲文标志标识配置、残疾人通信系统、语音导航和导盲系统建设，积极推广应用微信、微博、手机 APP、便民热线预约服务等创新方式。在互联网信息无障碍方面，企业和互联网组织致力于从提高信息无障碍技术能力的角度改善信息无障碍服务建设。目前，国内重视信息无障碍并进行具体技术实践的企业主要有：IBM（中国）、腾讯、阿里巴巴、搜狗、百度等，这些企业在各自的产品线上大力发展信息无障碍技术。中国的信息技术发展处于世界前列，针对残疾人的无障碍信息支持更要勇于创新，通过校企合作、政企合作、跨行业合作等多种模式，开发适合残疾人群体的信息应用。

3. 社会文化支持体系——情感支持

在情感支持方面，需要构建社会多元情感支持体系，充分发挥残疾人的自身潜能，营造有助于残疾人就业的社会氛围。增权是组织的价值追求，而残疾人在实际的工作当中往往由于自身的身体与心理状况产生自卑的心态并逐渐丧失工作的积极性与主动性。因此，用人单位要在薪资、晋升空间、工作保障、工作安排等方面给予残疾人相对公平的竞争环境；公益组织需要通过互动增加衍生更多的个人及人际权能，帮助残疾人顺利就业；社会舆论一方面要鼓励残疾人正常融入社会生活，另一方面需要营造针对残疾人的情感支持氛围。

以日本经验为例，日本通过多项残疾人法案的实施，从立法的角度切实保障残疾人的合法权益，营造针对残疾人的公平就业氛围。具有典型意义的是《残疾人对策基本法》，对残疾人集中就业进行了详细的规定，要求企业在残疾人就业问题上进行保障，必须按照地方标准以企业总劳务人员的比例提供专供残疾人就业的岗位。《残疾人对策基本法》带有强制性、保障性等特点，对于营造针对残疾人的公平的就业环境有重要的意义，从法律的角度为残疾人的情感支持提供了强有力的依据。

4. 社会培训支持体系——技能支持

在技能支持方面，需要加大对残疾人的培训力度，构建社会培训支持体系。充分发挥政府主导支持作用，发挥残联等社会组织的协同作用，形成政府与残疾人联动支持、政府与残联联动配合、残联与残疾人联动沟通的三螺旋联动技能支持体系。在思想政治教育上，帮助残疾人树立正确的就业观，加大增权意识，为残疾人就业提供科学合理的规划与建议。在专业技能的培训方面，需要结合区域经济发展状况、区域产业规模结构、区域发展人才需要等层面开展注重残疾人实践能力的培训活动，提高残疾人就业的指向性、目标性、可操作性。在就业指导层面，需要对政策法律、就业观念、心理调适等多个层面开展有针对性的指导工作。

以我国经济发达城市上海市为例，其于 1993 年颁布了《上海市残疾人分散安排就业办法》，并将教育作为促进残疾人就业的主要工作方向，为残疾人提供包括从学前教育到高等教育全方位涵盖的免费教育政策。作为最早开展残疾人康复和就业培训支持的城市，上海市不仅注重对残疾人生活技能的培训，更加强调通过个性化培训的方式激励残疾人融入社会生活。同时，鼓励企业通过增加实习岗位的方式，实现政府与企业联动，提高残疾人的工作能力。目前，上海市针对残疾人就业创业培训的重点工作是充分利用互联网优势拓宽残疾人的就业渠道、就业途径和就业方式。

5. 社会保障支持体系——保障支持

在保障支持方面，构建社会保障支持体系，加大对建档立卡贫困家庭重度残疾人的资金援助与医疗救助，根据困难残疾人生活补贴制度，建立与当地收入和物价水平相挂钩的动态调整机制，保障残疾人的基本生活条件。残疾人就业保障政策制定，既要保障残疾人员的基本生活，也要提供充足的措施以支持他们融入社会和工作。

以香港经验为例，基于 1996 年出台的《残疾歧视条例》，保障残疾人在接受教育、就业、生活等方面享有与非残疾人平等的权利，同时加强与高校的合作，以平等机会委员会为依托在生活技能培训、心理辅导、工作指导、康复训练等多个层面给予残疾人支持。目前，香港已经形成完备的残疾人照顾支援体系，一方面，政府与社区委员会联动协作，保障残疾人与其家人的生活；另一方面，运用技术手段保障残疾人的基本生活诉求。比如，香港特区政府于 2012 年正式推行的"人人畅道通行"计划，通过扩大无障碍通道在天桥、地铁、隧道等公共渠道的范围满足残疾人出行的需求。

（二）残疾人就业社会支持关系

1. 正式社会支持

正式社会支持包括政府、企业、社会组织、非营利组织与残联。其中，政府对残疾人就业的帮助是残疾人就业正式社会支持形式中最重要的一种。在深化政府职能改革的基础上创新资源配置方式，支持多元责任主体的协同发展是增权理论视角下推动残疾人就业保障不断发展的必然之路，它们之间有着相辅相成、相互促进的作用关系。社区既是人们日常生活的主要活动场所，也是社会有机体最基本的内容。社会组织、非营利组织与残联是基层群众性自治组织，与政府关系密切，承担了与政府相关的许多工作和职能。例如，它们可以积极调查了解残疾人的就业需求，建立统一的残疾人就业的信息档案，发挥中介作用，给残疾人和企业之间搭建平台，积极开发一些适合残疾人的岗位，以促进更多的残疾人就业。

在政府、企业、社会组织、非营利组织与残联的相互合作过程中，政府在残疾人就业中具有主导和协调作用，同时要最大限度地发挥企业、社会组织、非营利组织与残联的作用，使政府、企业、社会组织、非营利组织与残联相互合作进而在帮助残疾人就业时达到最佳配合。既要充分发挥政府的主导作用，又要充分发挥市场的效率，同时利用社会组织、非营利组织与残联的灵活性、自主性等特点构建残疾人就业社会支持系统，充分增强残疾人自身增权意识，只有这样才能积极地保障和促进残疾人就业。

2. 非正式社会支持

非正式社会支持作为残疾人就业社会支持体系中不可或缺的一环，包括家庭亲属与社会关系网络。人们的交往以情感为主，人际关系较为亲密，人们通常对家庭亲属与社会关系网络有强烈的感情和归属感。同时，在一定程度上，残疾人容易通过社会关系网络的强关系找到工作。通过对近几年我国城镇残疾人找工作的途径进行调查发现，我国城镇残疾人主要依靠熟人介绍找到工作，其所占的比例都在60%以上。

家庭要发挥情感性支持，一方面鼓励残疾人在就业方面要认清自我，另一方面鼓励残疾人要不断努力提升自身能力，增强自身在就业市场上的竞争力。此外，还要鼓励残疾人进行更多的社会交往支持，通过社会交往扩大自己的社会关系网络，提升个人的人力资本，获取更多的社会资源。例如，构建完善的人脉关系、积累社会资源。第一，家庭关系角度，需要在巩固血缘关系的基础上，不断与社会发展新的关联，以家庭帮助为依托不断拓展人脉关系。第二，社会关系角度，加强与政府、社区、残联、公益组织、社团工作人员的沟通与交流，在积极融入社会生活的同时，也承担一定的社会责任，深入了解政策法规和自身的权利与义务。第三，加强与其他残疾人群体的沟通与交流，保证信息的共享，增进感情。

五、结论

残疾人由于生理和心理的客观条件限制，导致其在生活与就业的过程当中存在一定的困难。在实现共同富裕的社会背景之下，切实满足残疾人生活和就业的诉求，维护残疾人的尊严是亟待解决的重要问题。本文基于增权理论深入探讨了残疾人就业社会支持体系的构建，为解决残疾人就业问题提供了理论支撑和应用范式。

本文通过分析在残疾人就业中存在的问题和不足，在个体主动增权模式下，从工具支持、信息支持、情感支持、技能支持与保障支持五个维度提出构建残疾人就业支持体系，并提出将政府、企业、社会组织、非营利组织和残联与家庭亲属和社会关系网络结合起来，共同促进残疾人就业。在此基础上，本文提出了我国残疾人就业社会支持的设计模型，并且提出了如下对策建议：通过构建完备的法律保障体系消除残疾人就业歧视问题；以政府主导为基础，通过残联、社区等多元主体联动合理规划残疾人就业安排与培训工作；以社会组织参与为基点做好残疾人就业支持与帮扶工作；发挥家庭的主要作用，扩展残疾人的人脉关系；鼓励残疾人充分利用互联网优势，提高信息获取能力、扩大就业面，提高就业层次。本文研究的最终目的是，在各主体的互动中实现增权，在此过程中，残疾人的自我效能感得到提升，获得更多的人际关系资源，通过自我支持性团队的构建，进一步促进就业。

[基金项目] 本文系 2021 年江苏省决策咨询研究基地项目"高质量发展视域下残疾人就业社会支持体系建设研究"（立项号：21SSL056）的阶段性成果。

[课题组成员] 张伟达、杨雅旭、王悦欣、侯雨彤。

参考文献

［1］潘光莉．从社会排斥视角看残疾人的就业状况［J］．贵州民族学院学报（哲学社会科学版），2007（2）：39-42．

［2］张琪，吴江，等．中国残疾人就业与保障问题研究［M］．北京：中国劳动社会保障出版社，2004：168．

［3］许琳，张晖．从西部残疾人就业现状透视政府在弱势群体扶助中的责任［J］．河南师范大学学报（哲学社会科学版），2007（6）：89-92．

［4］张彩萍，高兴国．弱势群体社会支持研究［M］．兰州：兰州大学出版社，2008．

［5］Cobb S．Social Support as a Moderator of Life Stress［J］．Psychosomatic Medicine，1976，38（5）：300-314．

［6］阮曾媛琪．中国就业妇女社会支持网络研究——"扎根理论"研究方法的应用［M］．熊跃根，译．北京：北京大学出版社，2002：36．

［7］严新明．残疾人就业的社会支持研究［J］．社会保障研究，2016（1）：184-192．

［8］聪慧．社会工作介入残疾人就业研究［D］．呼和浩特：内蒙古师范大学，2020．

［9］ANED．European Comparative Data on Europe 2020 & People with Disabilities［EB/OL］．［2019-04-10］．https：//www．disability-europe．net/theme/statistical-indicators．

［10］马莹．城市残疾人就业的多方支持研究［D］．成都：西南交通大学，2015．

［11］张东旺．中国无障碍环境建设现状、问题及发展对策［J］．河北学刊，2014，34（1）：122-125．

［12］朱永彬．信息化背景下残疾人就业方式与途径研究［J］．当代教育实践与教学研究，2020（6）：10-11．

［13］刘晶．残疾人就业中的社会支持研究——以上海市为例［D］．上海：

华东师范大学，2013.

　　［14］颜景庚，李晓虹．构建残疾人职业技能培训社会支持体系的研究——基于济南市残疾人职业技能培训实践的探索［J］．中国成人教育，2018（6）：87-91.

　　［15］陈瑞英．残疾人职业教育校企合作支持体系构建［J］．实验室研究与探索，2020，39（7）：247-250.

　　［16］周诚晨．优势视角下残疾人就业社会支持系统新模式探究［J］．残疾人发展理论研究，2018，2（1）：80-92.

　　［17］林娟．大连市残疾人就业问题研究［D］．大连：大连理工大学，2016.

　　［18］崔岗飞．城镇残疾人就业支持研究——以保定市 XHY 社区为例［D］．保定：河北大学，2015.

　　［19］王豪．积极福利视角下的残疾人就业保障问题研究——基于河南省五县市实证调查［D］．郑州：郑州大学，2017.

　　［20］刘林艳．残疾人就业过程中的社会支持研究［D］．上海：华东师范大学，2009.

　　［21］闫宇豪，李翔．社会转型期残疾人就业问题探析［J］．科技情报开发与经济，2007（5）：102-103.

新时代农村残疾人的
权益供需矛盾及其破解[①]

赖晓群　　涂平荣[*]

内容摘要：进入新时代，农村残疾人的权益保障既取得了诸多成效，也存在农村残疾人权益诉求与现实保障的偏差，而偏差的实质是供需矛盾，这种内在结构性冲突，既有可能助推当下农村残疾人权益诉求的加快实现，也可能致使现实农村社会的失序、失范和失衡。农村残疾人在权益群体、权益环境、权益内容和权益效能上出现了不同程度的异化。只有在检视农村残疾人权益供需矛盾的基础上，采取树立现代文明价值理念、强化权益保障环境建设、提高公共服务供给水平、建立权益保障长效机制等一系列有效措施，农村残疾人的权益诉求才能得到切实回应，其应有的权益才能真正得到维护和保障。

关键词：农村残疾人；权益保障；供需矛盾

一、新时代农村残疾人权益保障的成效

农村残疾人权益保障是指农村残疾人充分、平等地参与社会，并享有和其他健全社会成员同等的权利与自由。进入新时代，我国农村残疾人权利保障已经取

---

①　本文发表于《现代特殊教育》2021年第4期。

*　赖晓群，女，湘潭大学马克思主义学院博士研究生，研究方向为思想政治教育。涂平荣，男，江西丰城人，南京特殊教育师范学院教授，博士，硕士生导师，研究方向为伦理学与公共事业管理。

得了一些成效，相关政策规划扎实推进，相关法规制度有效落实，相关就业创业渠道逐步拓宽，农村残疾人对美好生活的向往不断得到满足。

（一）相关政策规划扎实推进

我国农村残疾人权益保障的相关政策规划经历了中华人民共和国成立、改革开放、新时代三个阶段。中华人民共和国成立以来，农村残疾人的政治权利得到了有效保障，宪法确定了农村残疾人与其他正常公民一样享有平等的权利。对户籍在农村，没有劳动能力的农村残疾人，由当地农村集体经济组织给予"五保"待遇（即保吃、保穿、保住、保医、保葬或保教），为农村残疾人提供了有效的生活保障。自1988年中国残疾人联合会成立以来，我国残疾人事业现代化发展进入快车道，延伸至农村基层，村残协组织纷纷建立，残疾人就业数量与文化体育活动逐渐增多，农村残疾人也有更多的机会与途径参与自身管理，农村残疾人社会化管理方式逐步形成，农村残疾人事业相关的政策规划得到了扎实推进。

进入新时代，习近平总书记深刻关切残疾人群体及其权益保障，强调"弱有所扶"，"科学回答了新时代怎样认识残疾人、怎样发展残疾人事业以及怎样做好残疾人工作等重大问题"[1]，提出"中国将进一步发展残疾人事业，促进残疾人全面发展和共同富裕"[2]的新愿景，党的十九大报告将"发展残疾人事业，加强残疾康复服务"[3]作为重要的民生任务，党的十九届四中全会提出推动"残疾人帮扶制度"的健全和完善，这些都为我国残疾人事业朝着更高质量的目标迈进提供了基本的价值遵循。此外，我国还将残疾人事业发展、民生福祉改善融入到国家发展战略的全过程，将农村残疾人事业纳入了全面建成小康社会战略目标、区域协调发展战略、乡村振兴战略、脱贫攻坚战略、健康中国战略以及2030可持续发展战略等重大规划中，农村残疾人权益相关的政策规划得以扎实推进，取得良好效果。"建档立卡的农村贫困残疾人数量从700多万减少到2019年底的48

---

① 韩正．在新时代的伟大征程中创造残疾人更加幸福美好的新生活［N］．人民日报，2018-09-15（003）．

② 中华人民共和国国务院新闻办公室．平等、参与、共享：新中国残疾人权益保障70年［M］．北京：人民出版社，2019：5.

③ 习近平．决胜全面建成小康社会 夺取新时代中国特色社会主义伟大胜利——在中国共产党第十九次全国代表大会上的报告［M］．北京：人民出版社，2017：47.

万，2019 年度净减少 120 万，贫困残疾人'两不愁三保障'基本落实，自我脱贫自我发展的意识和能力明显增强。"①

（二）相关法规制度有效落实

从权益保护的相关法规建设来看，中华人民共和国成立以来，我国逐步建立了以宪法为核心，以残疾人保障法为主心骨，以残疾人康复、无障碍环境、教育和就业等相关条例为共同支撑的残疾人权益保障的法律法规体系。"截至 2018 年 4 月，直接涉及残疾人权益保障的法律有 80 多部，行政法规有 50 多部"②，这些法规已为我国残疾人权益保障的实现打下了坚实的法律基础。从脱贫帮扶的相关制度规划来看，我国针对农村残疾人脱贫制定了详细计划表与帮扶政策，从 20 世纪末开始，我国便将农村残疾人的脱贫开发作为全国扶贫工作的重中之重，《农村残疾人扶贫开发实施办法（1998 年—2000 年）》《农村残疾人扶贫开发计划（2001—2010 年）》《农村残疾人扶贫开发纲要（2011—2020 年）》相继制定，农村残疾人得到了国家的特殊照顾，其脱贫成效显著。从财政保障的相关机制安排来看，"十一五"到"十二五"期间，我国残联系统在"残疾人事业发展"上的财政投入从 573.59 亿元增加到 1451.24 亿元，实现了同比 153% 的增长。2016 年作为"十三五"规划的开局之年，仅这一年的财政投入就逼近 2006~2010 年近五年的投入，可见，我国对残疾人事业的财政帮扶和保障的力度之大。此外，我国还专门成立了农村贫困残疾人专项资金，坚持农村贫困残疾人优先建设、重点帮扶原则。

党的十八大以来，习近平总书记高度关注残疾人权益，强调"2020 年全面建成小康社会，残疾人一个也不能少"，农村基层的基本公共服务全面纳入国家的基本公共服务体系。近几年来，农村残疾人的权益保障状况得到明显改善，农村贫困、重度、儿童和老年等特殊残疾人群体的基本生活保障、康复、无障碍设施、文化体育、教育、就业等方面的福利力度不断加大，各界帮残助残的义举活动越来越多，农村残疾人康复条件、受教育状况、文体活动条件、就业状况等均得到了显著的改善。

---

① 陈劲松. 助残脱贫　决胜小康［N］. 人民日报（海外版），2020-05-19（004）.
② 中国残疾人联合会. 2019 年残疾人事业发展统计公报［EB/OL］.［2020-04-02］. http：//www.cdpf.org.cn/zwgk/zccx/tjgb/0aeb930262974effaddfc41a45ceef58.htm.

（三）残疾人就业创业渠道逐步拓宽

农村残疾人作为更为困难的特殊群体，是扶贫的重点帮扶对象，其就业权益的有效保障是摆脱贫困的关键出路，受到法律的专门保护与政策的特殊照顾。近年来，我国农村残疾人就业形势呈现出向好的态势，2019年城乡持证残疾人新增就业39.1万人，其中农村新增就业26.9万人，农村残疾人在城乡残疾人就业形势中，释放出更大的发展潜力。

从农村残疾人就业扶助主体来看，坚持以改善农村残疾人的状况为中心，集合了政府、企业、非政府组织、残疾人个体和家庭在内的多元主体力量支持农村残疾人就业创业，鼓励有相关意愿和就业能力的农村残疾人积极参与生产劳动，增加农村残疾人可支配收入，农村残疾人的劳动权益得到有效保障。从农村残疾人就业渠道来看，农村残疾人就业打破了以往农村以亲戚、熟人介绍为主的单一局面，通过残疾人就业服务站、就业中介和互联网等渠道，丰富了农村残疾人就业的方式，包括按比例就业、集中就业、个体就业、特殊职业就业、公益岗位就业、灵活就业、种养加就业以及自主创业等在内的就业方式，实现了稳定发展，农村残疾人相关的福利性、辅助性和支持性等就业组合模式逐渐推广。2019年，就有超过650万的城乡残疾人通过"种养加""灵活就业"这两种方式成功就业。从农村残疾人就业服务来看，主要是以政府为核心的就业帮扶，农村残疾人可以免费接受相关劳动技能培训、就业服务指导和创新创业扶持，如"职业技能提升计划""雨露计划""阳光家园计划""实用技术培训""支持性就业推广"等服务项目的建设，有效地提升了农村残疾人自我发展能力和就业岗位胜任力。此外，新兴的政府购买服务的方式，对于提升政府服务的契合度、深度、广度和力度具有重要意义。

二、新时代农村残疾人权益供需矛盾的现状

从20世纪90年代开始，中国就高度重视残疾人权益保障，并将其纳入国家各项发展规划，发展至今将近30年，不可否认，残疾人权益保障水平得到了有

效提升。但是，截至 2018 年，我国"农村残疾人占到我国 8500 万残疾人总数的 75% 以上（实名持证 3404 万残疾人中有 2581 万残疾人在农村，占 75.8%）"①，我国残疾人权益保障仍然呈现出不平衡与不充分的发展特点。"我国残疾人生活状况与残疾人对美好生活的期待相比依然存在较大的差距，充分保障残疾人平等权益依然任重道远。"② 经济差异造成的农村残疾人事业发展滞后问题更加凸显，美好生活期待与现实状况之间的矛盾使农村残疾人的权益保障诉求难以实现，新时代农村残疾人权益供需矛盾突出的问题亟待破解。

（一）权益保障群体的特殊性：排斥性供给与归属性需求的矛盾

习近平总书记强调"残疾人是一个特殊困难的群体，需要格外关心、格外关注"③，而农村残疾人群体的特殊性在于，他们不仅是特殊困难群体，更是社会中的被排斥者、被边缘化的对象。按照安东尼·吉登斯将社会排斥看作"个体有可能中断全面参与社会的方式"④ 的思路，农村残疾人权益之所以无法得到有效保障，关键就在于农村残疾人的"归属需求的本质就是寻求和维持与其他团体的连接"⑤，而社会的排斥性状态阻断了农村残疾人与其他群体之间的维系状态，归根结底，亦是社会的排斥性供给与农村残疾人自身归属性需求之间的矛盾使然。

就社会排斥的类型来看，农村残疾人属于特殊群体陷入困境之后的被动排斥，一方面，集中体现在社会公众对农村残疾人群体的刻板印象引起的心理预设性排斥，他们先入为主地将农村残疾人标签化为"另类""不正常""有缺陷"的群体，在人情往来盛行的农村，与其隔离开成为公众的首要选择，否则就会面临"丢脸""丢面子"的尴尬境地，用戈夫曼的观点来解释，这实质上就是"污名化"的过程，具有"令人丢脸的特征"，而且会"使其拥有者在社会群体中具

① 程凯. 实现乡村振兴战略要加强和改善农村残疾人服务 [J]. 中国残疾人，2018（4）：42-45.
② 宋新明. 中国特色残疾人事业：权益保障的生动实践 [N]. 光明日报，2019-07-26（011）.
③ 中共中央文献研究室. 习近平关于全面建成小康社会论述摘编 [M]. 北京：中央文献出版社，2016：142.
④ 安东尼·吉登斯. 社会学 [M]. 赵旭东，等译. 北京：北京大学出版社，2003：409.
⑤ 杜丽娟. 自我肯定对社会排斥者归属需求的影响 [D]. 重庆：西南大学，2015.

有一种'受损身份'"①。究其本质，是社会公众对"残疾"概念的认知偏差导致对农村残疾人群体的刻板印象，"残疾（功能减弱或丧失）是人类的一种生存状态，几乎每个人在生命的某一阶段都有暂时或永久的损伤，而步入老龄的人将经历不断增加的功能障碍"②。这也就意味着残疾不过是人在不同阶段可能出现的能力缺失的状况，是人不同程度上的脆弱性体现，这是每个人都要共同面对的事实，全社会齐心协力帮助和支持农村残疾人权益保护具有必要性和迫切性，但现实却恰恰相反。另一方面，集中体现在农村残疾人群体对社会公众的连锁排斥引起的归属感受损。农村残疾人在社会参与过程中，由于未能像正常劳动力一样参与经济生产，就业时往往被视为是"第二劳动力"，一些丧失劳动能力的农村残疾人甚至直接被排除在经济活动之外，由经济领域的排斥引发了政治参与、家庭活动、人际关系等一系列的连锁排斥反应和新的社会排斥的产生。农村残疾人的归属性需求越得不到满足，他们就越容易陷入思想矛盾、行为越轨的泥潭中，无形中加剧了农村残疾人对自我价值的否定和对各类社会标签的认同，甚至将其内化为既定事实，因而丧失自我权益维护意愿和主动性。

（二）权益保障环境的严峻性：物理性供给与社会性需求的矛盾

自 2012 年国务院颁布《无障碍环境建设条例》以来，我国残疾人自主参与公共社会的权益得到了法律的充分保障，发展至今，已经基本形成了地市、县级无障碍环境系统，乡、镇级无障碍环境也得到有效改善。然而，权益保障环境建设远不止于工程性补偿，更离不开无形社会性需求的满足，虽然农村残疾人有形物理性环境因政策和其他支持得以改善，残疾人生活质量也得到一定提升。但是，农村残疾人权益保障环境仍然存在物理性供给与社会性需求的矛盾，权益保障环境形势依然严峻。当社会性需求得不到满足之时，其便会成为农村残疾人权益保障过程中的桎梏，转变成社会性障碍，加剧权益保障环境的恶化。

农村残疾人权益保障环境的严峻性突出表现在生活环境、人文环境和信息技

① Erving Goffman. Stigma：Notes on the Management of Spoiled Identity ［M］. New York：Aronson Press，1974：4.

② 朱图陵，等. 残疾人无障碍环境评定 ［J］. 中国康复理论与实践，2013，19（5）：489-492.

术环境三个方面。第一，农村残疾人在生活环境的社会适应与融入上的障碍，影响着其维权的参与度，作为受益主体尚且"被置之度外"，一些损害残疾人权益的行为便会更加层出不穷，社会上已经形成的权益保障氛围也会进一步遭到破坏。第二，农村残疾人在人文环境的社会交往上存在障碍，农村残疾人处在一个人为预设的障碍环境中，面临着来自社会公众身份认同的困境，面临着被标签化和差异化对待的境遇，离开了全社会自觉参与和"应援"的权益保护运动，农村残疾人极有可能会因"孤立无援"转而"失声"甚至"失语"。第三，农村残疾人在信息技术环境的信息交流障碍，既与农村地区信息建设的不完备相关，也与农村残疾人和政府之间的信息互联互通渠道不畅有关，农村残疾人自由、平等地获取、接收和共享权益保护的相关法律法规和政府政策信息的权益并未得到有效保障。

（三）权益保障内容的片面性：普惠性供给与特惠性需求的矛盾

罗尔斯关于正义论中优先原则的观点，即"社会的基本结构必须首先保证每个人平等地拥有基本权利，才能考虑社会和经济利益的分配问题，而无论社会和经济义理如何分配，都必须坚守'权利平等'这条底线"[①]，为农村残疾人权益保障提供了坚实的理论支撑。但是，单纯地依靠农村残疾人自身无法实现，针对农村残疾人进行专门的权益保障内容设置成为必要。《"十三五"加快残疾人小康进程规划纲要》中明确提出，要坚持"普惠+特惠"相结合的原则，强调既要通过普惠性制度安排实现残疾人公平，又要注重特惠性制度安排满足特殊性需求。然而，当前关于农村残疾人权益保障的特惠性关注尚有诸多欠缺，存在着农村残疾人权益保障的普惠性供给与特惠性需求的矛盾。

农村残疾人权益保障的普惠性供给与特惠性需求的矛盾，主要体现在残疾人生活保障、健康权利保障、接受教育保障和社会组织保障四个方面。一是残疾人生活保障上，农村残疾人不得不面临无条件的政策保障与有限的资助名额的难题，农村残疾人的基本生活没能得到有效保障。以低保为例，凡是符合家庭年均收入低于当地生活保障标准要求的农村居民，均可提出申请，虽然将残疾人也纳

入了申请范围，但这并非针对农村残疾人的特惠性政策。二是残疾人健康权利保障上，非贫困农村残疾人与贫困残疾人在医疗保障权益上存在不一致。以医疗保险为例，其"先垫付、后报销""住院报销"等原则，着实成为农村残疾人健康权益保障的门槛，再加上烦琐的报销程序和有限的报销时限，让本就经济困难的农村残疾人更加"犯难"。三是残疾人接受教育保障上，农村残疾人在学前教育等非义务教育中的需求并未得到切实的保障。以学前教育为例，虽然早在20世纪90年代的《残疾人教育条例》中，就明确了加强"残疾幼儿的学前教育"建设的要求，但是"残疾幼儿学前教育机构及其教育的匮乏，就表明了《残疾人教育条例》存在着以总体性教育改善（特别是残疾人义务教育效力的功利性追求）残疾幼儿学前教育的问题"[①]。四是残疾人社会组织保障上，一直以来中国残联作为残疾人群体共同利益的代表团体，以"残疾证"在生活保证和日常优惠上为残疾人提供了便利，在残疾人权益保障事业中发挥着举足轻重的作用，但是，自主申请作为残疾证申领的第一步成为农村残疾人一道跨不过的坎。这种主动式申领忽视了农村残疾人群体的特殊性，大多以老年和儿童为主，不仅存在行动上的不便，更存在信息传递的困难，而他们的潜意识里并没有"残疾证"的重要意识，甚至认为"残疾证无用"。因而，一旦错过残疾证换发，他们的残疾保障和补贴就会被直接终止，这种组织保障忽视了对持证人的普惠性供给与非持证人的特殊性需求的矛盾。

（四）权益保障效能的非长效性：不确定性供给与持续性需求的矛盾

2020年新冠肺炎疫情发生后，面对"全国一盘棋"居家隔离的疫情防控考验，农村"残疾人安全防护、兜底保障及应急管理面临突出问题"[②]，农村残疾人的权益赋能能否一如既往地得到保障，是当前农村残疾人权益保障能否实现常态化的"试金石"，更为今后农村残疾人权益保障体制改革创新打开了一扇"新窗口"。农村残疾人权益保障效能提升是否具有长效性，关系到残疾人权益保障

---

① 王培峰. 残疾人教育政策之伦理正义及其局限——基于罗尔斯差别原则的分析 [J]. 教育学术月刊, 2016 (7): 43-50.

② 厉才茂, 等. 疫情之下对残疾人保护的实践与思考 [J]. 残疾人研究, 2020 (1): 4-15.

能否走好"最后一公里",更关系到真正惠及农村残疾人的政策能否落实落地。

农村残疾人在权益保障上存在着不确定性供给与持续性需求的矛盾,具体体现在以下三个方面:首先,从权益保障的前期准备来看,尤其从权益保障的体制构建来看,一般意义上都是从整个残疾人权益保障的宏观环境出发,从经济权益到社会权益,甚至是生态权益入手,这种"自上而下"式的研究思路,并没有以权益受益主体农村残疾人为着眼点,这种制度根源上的不匹配决定了其与农村残疾人实际需求之间的不一致,权益保障效能不具有长效性成为必然。其次,从权益保障实施状况来看,权益保障政策制定与具体实施存在现实出入,过于注重通过"输血式""救济式"甚至是"庇护式"的办法实现农村残疾人基本生活兜底和帮扶,忽视了为农村残疾人提供切实"增能式"服务和"造血式"支持,即使短时间内能有一定成效,但这并不能从根源上解决他们的难题,如就业过程中的歧视和偏见。最后,从权益保障的评价反馈来看,不管是权益保障制度构建,还是权益保障实施效果,都缺乏相应的研究和预判,缺乏有效的监督和问责,这也是农村残疾人权益保障收效甚微的重要诱因。

三、解决新时代农村残疾人权益供需矛盾的通路

要破解农村残疾人权益诉求与现实保障之间的供需矛盾,可以从价值引领、环境建设、服务供给和长效机制等视角出发,试图为有效回应农村残疾人的真实诉求、维护和保障农村残疾人的应有权益开拓现实通路。

(一)树立现代文明价值理念

理念是思想的先驱、行动的先导,长期以来,残疾人特别是农村残疾人作为最为困难的弱势群体,在日常生活、升学、就业等方面,均受到不同程度的排斥甚至不公正对待,这与现代文明社会的发展进步是不相吻合的,而要改善这种状况,必须树立现代文明价值理念。

首先,应树立"平等、参与、共享"的现代文明社会的残疾人观念。应理解"残疾"只是人在不同阶段一定程度上的能力缺失,认清农村残疾人同样拥

有平等参与、融入社会和共享社会成果的权利，以及与其他社会群体平等交流的归属性需求，这都值得尊重、爱护和帮扶。既要反对将农村残疾人边缘化、排斥化，也要反对过分地将农村残疾人预设性地"神化"为"身残志坚""自强不息"的典型代表，这种预设潜意识地将农村残疾人看作是无须关爱的"优势群体"，无疑是在农村残疾人与社会公众之间设置了一道隐形墙。

其次，要引导、规范与消除各行各业及各类人群对农村残疾人的歧视与偏见。要摘掉农村残疾人标签，在公共场合或与之交往时，杜绝使用"残废人、瞎子、聋子、拐子、瘸子、独眼龙"等带有污蔑性、侮辱性的词语，代之以"残疾人""盲人""聋人"等称呼。人们对残疾人的称呼表达映射出当前社会对农村残疾人的看法和见解，也是现代社会文明程度的重要表现。在残疾人就业方面，要积极引导社会各界尊重、关心、爱护农村残疾人，规范用人单位的招聘条件与资格审查，鼓励与支持用人单位招用农村残疾人，并给予适当的奖励与优惠。

最后，要精心组织与引导全社会关心、爱护与帮扶农村残疾人活动。除了平时关心、爱护与帮扶农村残疾人外，还要善于抓住与巧用残疾人节庆日的时效点，如"每年5月第三个星期日为全国助残日"①，每年8月25日的"残疾预防日"，每年11月的"残障发声月"，农村基层组织要积极组织和开展多种多样的"爱残、助残"活动，鼓励农村残疾人勇于发声，向农村社会普及与残疾相关的知识，引导农村社会更加包容、理解和尊重农村残疾人，帮助农村打赢"帮残助残"这场硬仗。

（二）强化权益保障环境建设

要解决农村残疾人权益保障的供需矛盾，除了要改善农村残疾人生活质量之外，还需以残疾人自身需求为中心，在农村残疾人权益保障社会环境方面下功夫，助推权益保障物质支撑与社会需求相匹配。一方面，要推动无障碍物理性和社会性环境建设双轨并行，积极倡导与践行爱残、助残活动，精心营造尊重、关心、爱护与帮助农村残疾人的社会氛围，使农村残疾人时时处处感受到国家、社

---

① 全国人民代表大会常务委员会法制工作委员会．中华人民共和国法律汇编2018（中册）［M］．北京：人民出版社，2019：510.

会与家庭的温暖。积极推动农村残疾人及其家庭的无障碍改造，仍然需要从制度设计着手，针对农村残疾人无障碍条例不了解、无障碍设施不配套、无障碍服务说不清等现象，进一步细化《无障碍环境建设条例》中关于农村残疾人的专项条例和法规，因地制宜开展关涉残疾人切身利益的权益保障知识和政策的宣传和普及活动，鼓励民众自觉宣传和讨论，充分保障农村残疾人无障碍环境建设的知情权。针对农村残疾人家庭改造覆盖程度不高、社会投入不足以及社会认同度不高等问题，农村基层干部应将农村残疾人的基本权益保障作为农村权益保障事业的头等大事，坚持不让一个"农村残疾人"掉队。

另一方面，应强化农村残疾人权益保障矩阵。建立以为农村残疾人服务为核心，党委领导，政府主导，社会公众、残疾人组织和农村残疾人充分参与的权益保障矩阵，发挥各方协同作用的合力。进一步明晰政府在农村残疾人权益保障中的定位，发挥基层组织的桥梁和枢纽作用，打破以往政府"孤军奋战"的单线性权益保障结构，在全社会建立网状残疾人权益保护结构体系。例如，在农村残疾人就业权益保障上，以政府为主导的单线性权益保障结构在制度和政策上给予了农村残疾人就业一定的保障，而事实也证明了其的确取得了一定成效，但是这种"庇护式"就业模式一旦离开政府的支持，便会进入权益保障的"死胡同"。

（三）提高公共服务供给水平

农村社会公共服务供给水平直接反映在农村残疾人权益保障的实效上，农村残疾人普惠性供给与特惠性需求的矛盾要求必须提高公共服务供给水平。首先，贯彻落实农村残疾人的健康权利保障举措，坚持预防与康复并举，努力朝着"人人享有康复服务"迈进。在预防方面，应遵循与落实《国家残疾预防行动计划（2016—2020 年）》相关条款，切实采取有效措施，在源头上有效控制残疾的发生。例如，为怀孕早期的农村妇女免费进行叶酸的增补，为备孕农村夫妇提供免费的疾病筛查等服务，一定程度上都有利于降低孩子先天性缺陷致残的概率。在服务方面，要进一步把农村残疾人纳入医保、救助等范围内，加大对因病致残、病残一体、老残一体、一户多残等特殊残疾人的精准康复服务，实现精准服务兜底。

其次，努力营造农村残疾人康复的良好环境和条件。从康复机构的开设与推广，到康复药品、设施与器材的优化，再到残疾人康复专业人员的培训，尤其是高校关于康复医疗专业人才的培养与培训，都要加大投入力度。特别是乡镇地区康复服务条件相对较差，很多康复配置远不能满足农村残疾人康复需求，即使设立了乡镇基层的康复机构，还应考虑农村残疾人能否承受这些康复治疗带来的经济负担。未来，面对农村残疾人各自的情况差异，应着力实施精准化康复服务，区分重度残疾人、残疾人儿童、青年残疾人、老龄残疾人等特殊群体，做到既保障农村残疾人权利，又提高农村公共服务供给水平。

再次，进一步完善农村残疾人教育体系。建立以教育部门为主体、以其他社会力量为补充、以普通学校随班就读、特殊教育学校为载体（普特结合、免除学杂费等措施），涵盖学前教育、初等教育、高等教育的多层次教育体系。学前教育以及高等教育对于农村残疾人家庭而言，由于处于非义务教育范围内，无疑会占家庭支出的一大部分。农村地区尤其是革命老区、贫困山区、民族地区的教育普及率偏低，农村残疾人非义务教育的发展更容易受资金扶持、专业队伍、保障机制等制约。为此，必须加快实施《第二期特殊教育提升计划（2017—2020年）》，这是兑现农村残疾人教育公平的关键环节，是特殊教育在农村基层生根发芽的重要举措。要加大特殊学校在农村地区的招生宣传力度，最大限度地保障农村残疾人，尤其是残疾人适龄儿童的受教育权利。加快非义务教育阶段特殊教育（高中阶段）以及利用新媒体开展的远程教育，推进融合教育，完善农村残疾人在普通学校随班就读的教育体系，既要充分利用普通教育学校资源，也要加大普通学校在特殊教育设施方面的建设力度。

最后，切实维护农村残疾人就业权益。进一步优化农村残疾人就业信息收集，加大残疾人就业指导与培训服务，在《中华人民共和国残疾人保障法》中增补对农村残疾人这类特殊群体的权益保障条款，切实建立与农村残疾人水平低、受教育程度低相适应、相匹配的就业层次；针对农村残疾人就业能力相对低下，特别是因自身缺陷致使其劳动在时间、强度上有特殊要求与特殊照顾，需要用人单位给予特殊关照，国家在税收与奖励等方面也应给予残疾人用工单位特殊减免、优惠或照顾，使用工单位减少相应的损失；因人因地制宜开拓就业渠道，如采用互联网+就业创业、人际关系介绍、辅助性安排就业等就业形式。

（四）建立权益保障长效机制

农村残疾人权益保障要真正落实、落地，必须建立和完善农村残疾人权益保障的长效机制。自2015年起，我国每年都会在全国和社区开展残疾人需求状况和基本服务的社会调查，这对于动态把握残疾人的权益保障状况具有重要的借鉴意义，但是目前尚未开设专门针对农村等地域残疾人的专项调查，切实了解农村残疾人的实际需要、摸清其权益保障现状尤为必要。

首先，精准定位与需求研判相结合。必须精准定位农村残疾人权益诉求，一旦出现偏差，供需矛盾和社会冲突便不可避免。现代社会是信息化社会，农村残疾人权益供需矛盾的破解，应充分捕捉各类相关信息，依据精确统计的各种数据，加强对农村残疾人的社会化管理，并因人施策对农村残疾人自身事务进行有效管理。推动信息、数据收集和统计制度化，建立农村残疾人调查制度，应建立农村残疾人专项数据库，促进数据收集与统计朝着制度化、可持续方向发展，进一步规范与完善农村残疾人权益保障的监测指标，建立起国家、省、市残疾人三级监测体系，确保数据收集落实到县市与乡一级，特别是针对农村残疾人的致残诱因，要采取精细化和精准化的专门服务。实现各种数据之间的有效衔接与精准对照，形成统一、规范农村残疾人监测指标体系。此外，还要积极开展对全国农村残疾人的抽样调查，此前已经开展了第一次（1987年）和第二次（2006年）全国残疾人的抽样调查，应充分利用大数据平台，实现各种信息共享，实施跟踪和动态监测，把握农村残疾人最新的权益状况。

其次，提高福祉与增强自立相结合。一方面，随着社会发展与我国经济实力的提升，发展的成果越来越为全体人民共享，但城乡二元福祉不平衡、不充分的现状要求必须重点聚焦农村地区人民的福祉，尤其是农村残疾人的真实福祉问题，只有增加农村残疾人福祉，才能降低因城乡福祉差异对决胜全面小康战略目标实现的影响，提高农村残疾人真实福祉是其权益得以保障的基础。另一方面，农村残疾人福祉与其他农村非残疾人福祉相依，农村残疾人真实福祉既离不开全社会的支持，也离不开农村残疾人自身参与到全社会福祉建设，关键在于增进农村残疾人自立自强，鼓励农村残疾人为自身权益保障、谋求真实福祉做出贡献，这是实现农村残疾人自我归属性需求的重要一环。"给钱给物不如给服务""扶贫关键在于扶志"等充分说明单纯依靠兜底、救济的方法不但不可持续，而且可能导致救济依赖，降低农村残疾人物质获取带来的边际效应。

最后，评价反馈与责任问责相结合。基层干部有没有"干在实处"，权益保障有没有走好"最后一公里"，农村残疾人有没有"真正受益"，强调的都是权益保障的评价反馈问题，其精准定位与需求研判处于同等地位。以农村贫困残疾人为例，其兼具残疾与贫困双重属性，因而，其权益保障就不能单纯以残疾人、农村残疾人为出发点，权益保障评价考核也不能仅从一般性内容入手，否则就容易陷入"脱贫"而无法"解困"的窘境，更应照顾到其"贫困"的特殊性，"贫困是个人能力的被剥夺，而不仅是收入低下，反贫困应从提高贫困群体的可行能力入手"①。这种滞后性的评价反馈能为预设性制度设计提供更为精准而有效的思路和建议，实现权益保障供给与农村残疾人实际需求的有效对接。与此同时，评价反馈也不能仅仅停留在单纯的笔杆子工程上，更要做好主体的责任问责，针对农村贫困残疾人这一特殊群体的"返贫"和"贫困的恶性循环"等问题，要落实责任追责制度，督促各参与主体真正将农村残疾人的权益保障放在心上，走在基层群众权益保障的最前线。

［基金项目］本文系 2020 年江苏省共享发展研究基地开放基金"后疫情时代农村社区治理问题研究"（编号：20gxjd03）的阶段性成果之一。

参考文献

［1］韩正．在新时代的伟大征程中创造残疾人更加幸福美好的新生活［N］．人民日报，2018-09-15（003）．

［2］中华人民共和国国务院新闻办公室．平等、参与、共享：新中国残疾人权益保障 70 年［M］．北京：人民出版社，2019：5.

［3］习近平．决胜全面建成小康社会 夺取新时代中国特色社会主义伟大胜利——在中国共产党第十九次全国代表大会上的报告［M］．北京：人民出版社，2017：47.

---

① 阿马蒂亚·森．以自由看待发展［M］．任赜，于真，译．北京：中国人民大学出版社，2013：89.

［4］陈劲松．助残脱贫　决胜小康［N］．人民日报（海外版），2020-05-19（004）．

［5］中国残疾人联合会．2019 年残疾人事业发展统计公报［EB/OL］．［2020-04-02］．http：//www.cdpf.org.cn/zwgk/zccx/tjgb/0aeb930262974effaddfc41a45ceef58.htm．

［6］程凯．实现乡村振兴战略要加强和改善农村残疾人服务［J］．中国残疾人，2018（4）：42-45．

［7］宋新明．中国特色残疾人事业：权益保障的生动实践［N］．光明日报，2019-07-26（011）．

［8］中共中央文献研究室．习近平关于全面建成小康社会论述摘编［M］．北京：中央文献出版社，2016：142．

［9］安东尼·吉登斯．社会学［M］．赵旭东，等译．北京：北京大学出版社，2003：409．

［10］杜丽娟．自我肯定对社会排斥者归属需求的影响［D］．重庆：西南大学，2015．

［11］Erving Goffman. Stigma：Notes on the Management of Spoiled Identity［M］.New York：Aronson Press，1974：4．

［12］朱图陵，等．残疾人无障碍环境评定［J］．中国康复理论与实践，2013，19（5）：489-492．

［13］李石．论罗尔斯正义理论中的"优先规则"［J］．哲学动态，2015（9）：68-74．

［14］王培峰．残疾人教育政策之伦理正义及其局限——基于罗尔斯差别原则的分析［J］．教育学术月刊，2016（7）：43-50．

［15］厉才茂，等．疫情之下对残疾人保护的实践与思考［J］．残疾人研究，2020（1）：4-15．

［16］全国人民代表大会常务委员会法制工作委员会．中华人民共和国法律汇编 2018（中册）［M］．北京：人民出版社，2019：510．

［17］阿马蒂亚·森．以自由看待发展［M］．任赜，于真，译．北京：中国人民大学出版社，2013：89．

生态视角下社会资本嵌入健康老龄化建设的模式研究

杨会良　徐　梦*

内容摘要： 当前，我国正处在加速老龄化的关键时间节点，人口结构大转折、老龄社会转型战略机遇期窗口开启。后疫情时代如何促使各级政府、各类社会组织和企业顺应老龄社会转型的需要，加快推进健康老龄化建设，对于推动老龄社会下经济社会可持续发展具有重要意义。本文对社会资本嵌入健康老龄化建设的国内经验和国际经验进行了分析，由于养老服务具有准公共产品的属性，本文根据社会资本参与健康老龄化建设的私有化程度将一般意义上的PPP模式细分为外包模式、特许经营ROT模式、私有化BOO模式，以厘清公共管理、行政治理及运营管理的问题，帮助社会资本更好地找到参与共同建设的通路。在此基础上，本文针对社会资本对养老机构建设模式的选择给出了相应的对策建议：合理筛选优质的社会资本，确保长效稳定的合作建设；根据经济发展情况和当地政府财政状况，综合考量采用与社会资本合作的不同模式：经济发达地区可以采用私有化模式+外包模式，经济欠发达地区和发展中地区可以采用特许经营模式+私有化模式；合理帮助资本规避运行风险，优化政策法规提升资本参与信心；实施养老项目需要政府扶持，普惠型价格需体现公益内涵；养老项目合作需要公正透明，第三方评价体系需要进行监督。养老服务产业的发展能够促进服务经济比重的提升，对我国经济结构的优化、转型有较好的促进作

---

*　杨会良，男，博士，南京特殊教育师范学院管理学院教授，博士生导师，江苏共享发展研究基地首席专家，研究方向为公共管理、教育经济与管理、残疾人事业管理。徐梦，女，硕士，南京特殊教育师范学院讲师，研究方向为健康老龄化产业。

用，走多元化、产业化、市场化和规范化的改革之路，有助于促进健康老龄化建设的可持续发展。

关键词：养老服务；社会资本；PPP 模式

引　言

人口老龄化是 21 世纪我国的基本国情。面对超大规模、超快速度、超早阶段、超稳结构的"超级老龄化"，必须加快我国健康老龄化建设，构建老龄社会基础设施，完善老龄社会服务体系，推动养老服务业加速发展。

为深入贯彻习近平总书记在统筹推进新冠肺炎疫情防控和经济社会发展工作部署会议上关于加强对因新冠肺炎疫情在家孤寡老人等群体走访探视并提供必要帮助的重要指示精神，认真落实《国务院应对新型冠状病毒感染肺炎疫情联防联控机制关于进一步做好民政服务机构疫情防控工作的通知》有关要求，以及《国务院办公厅关于政府向社会力量购买服务的指导意见》《国家发展改革委关于开展政府和社会资本合作的指导意见》《政府和社会资本合作模式操作指南》等文件精神，必须切实加强特殊困难老年人的关爱服务、深入做好健康老龄化的建设工作，这既需要政府的政策支持和多方的协作参与，也需要社会资本的嵌入、多元共治。

WHO 提出的健康老龄化战略，从功能发挥的角度出发，基于整个生命历程全局考虑健康老龄化。WHO 对健康老龄化所下的定义，以及针对老龄化提出的实现路径表明，在个体老龄化过程中，要介入卫生服务预防慢性病或确保早发现、早控制，保持或延缓能力衰退，管理严重的慢性疾患等，减少发病、缩短带病期，提高老年人生命质量，使老年人以正常的功能健康地存活到生命的终点。我国于 21 世纪初进入人口老龄化社会，经济社会的发展和人口结构的变化，使老龄人口不仅总量基数大，而且呈现出高龄化、空巢化的特点和趋势，给"未富先老"的中国带来巨大的养老压力。截至 2019 年末中国 60 岁以上人口 25388万，占总人口的 18.1%，江苏省的老龄人口占比 23.4%，老龄化形势严峻。贯彻落实党的十九大，党的十九届二中、三中全会精神和江苏省委十三届六次全会精神，聚焦实现和推进健康老龄化、积极老龄化是应对老龄化高速发展态势的必由之路。

在供给侧结构性改革模式下，多方参与的老龄化建设共同为公益和公众服务。江苏针对亟待解决的人口老龄化问题，围绕"强富美高"新江苏建设，可以通过社会资本与政府合作（PPP）的模式来解决老龄化带来的各种问题，这样既可以增强公共物品和服务的供给能力，也可以为社会资本创造需求的平台和渠道。由于 PPP 模式强调社会资本可以在平等协商、多元共治的框架下参与老龄化建设，因而采取此种模式对于中国健康老龄化建设不失为一种明智的选择。

一、社会资本参与健康老龄化的国际经验分析

联合国发展计划署认为，PPP（Public-Private-Partnerships）就是政府与社会资本合作。PPP 模式是政府、非政府组织、营利机构与非营利机构基于某个基础设施或公共服务项目，建立在契约之上的合作关系，通过这种合作达到比单独行动更优的结果。政府在参与项目时，并不是将所有责任转移给私营部门，而是与私营部门共同承担责任、共担风险。

PPP 模式的内涵可以分为两层：第一，为满足公众对公共服务的需求而建立的政府与私营部门的合作关系；第二，为提高基础设施供给效率，政府与私营资本合作进行的投资、建设、运营、维护、管理等。欧盟委员会认为，PPP 模式本质上是为了满足公众对公共服务的需求，由政府与社会资本进行合作，提供公共产品或服务的一种合作模式。

养老服务具有准公共产品的属性，根据社会资本参与健康老龄化建设的私有化程度可将一般意义上的 PPP 模式细分为 M&O 外包模式、特许经营 ROT 模式、私有化 BOO 模式。根据健康老龄化建设的三种模式合作的契约关系，在生态视角 PSR 模式下，厘清公共管理、行政治理及运营管理的问题，能够帮助社会资本更好地找到参与共同建设的通路。在实际运用过程中，模式演变出灵活多样的运作形式，能够很好地满足不同类型、不同阶段的公共服务需求。PPP 模式的运作形式多样，最常见的有 BOT、TOT、ROT、BT、RC、BOO 等。美国的养老地产模式、加拿大的生态养老模式、瑞典的福利模式，以及日本的社区服务、日间照料模式都有不同形式的社会资本 PPP 合作交融。本文将目前已有的养老 PPP

项目按私有化程度分为外包模式、特许经营模式、私有化模式（见图1）。在三种私有化模式中：BOO（Build-Own-Operate）即建设—拥有—经营，项目一旦建成，项目公司对其拥有所有权，当地政府只是购买项目服务。此模式后来又演变出欧美采用比较多的一种项目类型BOOT（Build-Own-Operate-Transfer），即建设—拥有—经营—转让，项目公司对所建项目设施拥有所有权并负责经营，经过一定期限后，再将该项目移交给政府。BOOST（Build-Own-Operate-Subsidy-Transfer）即建设—拥有—经营—补贴—转让，此类多见于西方国家的建设修复型项目，适合对文化性强的养老项目进行整合等。

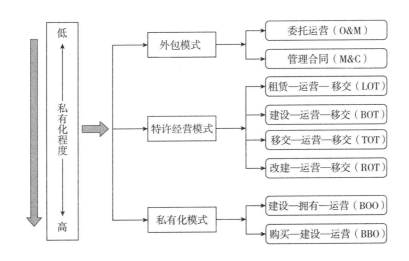

图1　政府—社会资本—合作模式

社会资本参与公共服务领域有利于提高公共服务供给的质量和效率。政府将此前直接提供公共服务的垄断供给职能转移给私营部门后，主要承担公共服务的安排、付费、监督、质量考核等管理方面的职责。社会资本追求安全稳定的回报，其运作具有创新性、职业性和灵活性的优势。通过公开竞标等形式选择优秀的私营部门进入公共服务供给领域，促进了私营部门之间的竞争，使公共服务的生产者能够最大限度地挖掘其生产经营管理的潜能，以更低的价格生产，提供性价比更高的服务，促进资源配置优化，提高公共服务的质量和效率。

但是养老项目具有形态多样性、强调服务水平、市场发起、收费机制复杂、价格弹性大等特点，同时在合作模式上也有着一套与基础设施项目完全不同的概念体系，由于这些因素的存在，将 PPP 模式引入养老项目存在一定难度。养老设施的形态更为多样化，政府与社会资本合作的概念体系与基础设施建设项目也存在差别，因而不容易找到项目切入点。

二、社会资本参与健康老龄建设多种模式的对策建议

鼓励社会力量进入养老服务业的相关政策文件明确提出了适用于养老项目的公建民营、公办民营、民办公助、政府购买服务等几种模式，主要是着力于运营阶段，解决公办养老项目供给能力不足、运营服务水平低下的问题。本文采用研究机构执行人员在过程中采取了调研、深度访谈、参与观察等方法研究了各类养老机构的发展目标、所提供的差异性服务项目、服务过程效果及反馈等策略，并对社会资本嵌入健康老龄化建设可以采用的不同模式进行了总结，提出了如下对策建议：

（一）合理筛选优质的社会资本，确保长效稳定的合作建设

政府部门一般通过公开招标、竞争性谈判等机制来选择适合市场合作的社会资本。政府作为建设健康老龄化的主导力量，因而政府相关部门需要通过对养老人口数量进行分析，并以此为依据对健康老龄化建设进行规划。结合国家统计局、国家人力资源和社会保障部等部委官方发布的权威数据可以对我国人口发展趋势进行分析，其中，通过对老年人口数量进行分析，可以得到其发展趋势和分布情况，从而可以针对养老人口的数量调整相对应的养老规划、制订出符合当下老龄化状况的养老计划。为了让每一个老年人都能够享有基本的养老服务，就必须要保证养老资源充足，因此就需要根据老年人口的数量进行养老服务资源的配备和合理分配。

政府选择社会资本合作提供养老服务，需要对社会资本的各方面条件进行严格的审核，择优选定能够通过政企合作有效地促进养老项目发展的社会资本。在

地理位置的选择上，政府需要考虑到，老年人受身体机能下降的阻碍需要选择适应其稳定和改善身体状态的环境生活。因此，在生态环境的选择上以景色宜人、空气清新、静谧的环境为主；由于老年人活动不便，因而在选址上需要考虑交通便利的情况，保障老年人自由出行的权利和诉求，如方便快捷的公共交通以及道路枢纽均能为其提供交通方面的便利；如果一项公共服务的辐射人员仅有零星几人则必然会造成资源的浪费，而辐射人群较为广阔也能使项目获得规模效应，通过品牌的提升再借助人群的传播力量能够帮助项目获得更多的支持，从而产生更大的收益。

在选择社会资本介入养老服务事业方面，政府不仅要考虑当下项目能够产生的独立效应，还要站在民众的角度上考虑与此项目进行合作能够为其他公共服务的提供带来多少帮助、能够对改善民生带来多少作用。此外，政府在引入社会资本参与健康老龄化建设时，还应站在全面整合现有资源的角度去推进项目合作，这样做不仅能够充分发挥现有资源的优势，合理调配资源使其以较小的投入产生较大的收益，还能够提升政府的威信、增强国家的制度自信。

选择合适的社会资本进行合作需要考虑长远发展，可靠的社会资本能够使政府节约精力、放心地让其参与到养老服务的提供中，并能与其形成长期的合作机制，制订长远的发展计划，将养老事业延续下去。

（二）根据经济发展情况和当地政府财政状况，综合考量采用与社会资本合作的不同模式

根据企查查调查数据，江苏省内主要运营养老项目的企业共有 23470 家，就南京市而言，共有 1563 家养老企业，其中注册资本超过 1000 万元的企业占比约为 25.5%，而这些企业又普遍属于有限责任公司，政府应当根据这些养老企业的出资情况和当地的经济现状，采用与之相匹配的政企合作模式。

1. 对于经济发达地区，当地政府可采用私有化模式+外包模式

在私有化模式下，私有化类项目需要社会资本（主要是非公有企业）负责项目的全部投资，而且社会资本（主要是非公有企业）在这类项目中，承担的风险也最大，因而这种模式从最大程度上减少了政府在养老建设方面所承担的财政负担和风险。政府应对有意向参与合作建设健康老龄化的社会资本进行合理筛选，确保社会资本投入后的长效性、流动性、稳定性。对于养老资源的利用，尤

其是土地资源的配置，政府可以给出指导性意见及策略，配合高端的养老资源打好组合牌。例如，可以利用优质山水资源打造山水养老。喜山乐水的高端养老资源基础建设、配套设施前期投入大、建设时间长，后期运营成本较高，这些项目需要投入的资金量庞大、运行时间长、市场性运作模式强，更加适合引入社会资本采用私有化模式与政府合作。

以南京市为例，2019年南京市共有12个区域参与排名，各区的GDP排前三名分的别为江宁区、江北新区直管区和鼓楼区，其中江宁区GDP总额为2371.41亿元、增速为8%，江北新区直管区GDP总额为1800.99亿元、增速为13.2%，鼓楼区GDP总额为1630.72亿元、增速为8%。这三个区域为南京市经济较为发达的区域，因此，可以在当地采取私有化模式+外包模式。其中，以江宁区为例，江宁区的养老企业共276家，占比17.6%。江宁区素有"六山一水三平原"之称，在其区域内有汤山温泉、方山风景区、牛首山等众多景区，因此，江宁区在其地理位置上有着得天独厚的优势，若借助其优势，依托其现有山水等自然资源则可以打造山水养老，形成当地独具特色的养老模式。政府在此时可以根据江宁区的地形、特色、经济等条件，结合现有的养老企业分布以及运营情况，从宏观层面给予一定的支持；而当地企业也可以主动挖掘其现有的自然资源优势、经济优势以及企业自身的管理运营优势，向政府提出申请或者建议，以得到政府的支持，与政府形成合作参与老龄化建设，从而提高养老服务的效率和质量。

政府购买服务下的外包模式可以发挥外包企业的专业性优势，帮助缩减政府部门对于服务类的人力资本投入。外包企业可以提供高端和低端两种养老产品。一是专业性较高端的产品，如外包企业提供的养老性专业设备、信息化解决方案。其中，器械设施设备包括诊断器械、智能硬件、康复辅助器具等；信息化解决方案包括综合信息管理平台、紧急呼叫等。二是低端产品，如外包老年餐食等。由于老年人身体机能与其他人群相比相对较弱，对饮食的要求自然也存在差异，包括在食量、食品安全、营养搭配方面都有其特殊性，因此，外包老年餐食能够对老年人的餐食提供专业性的服务，解决老年人餐食问题。

通过采用私有化模式和外包模式能够结合项目的现状充分发挥现有资源的优势，帮助养老项目采用适应其发展的模式运营，从而提升其运营效率。

2. 经济欠发达地区和发展中地区，可以采用特许经营模式+私有化模式

经济欠发达地区在经济财政方面有压力和困难的情况下，可以采用特许经营模式中的"建设—维护—移交+委托运营"的模式。根据养老基地PPP项目合同,运营满一定期限后,项目公司必须按照合同中规定的质量标准和资产完好程度等要求将养老基地项目移交给政府部门。在该阶段需要完成资产评估、债务清偿、分享收益等工作。根据项目是否达到预期收益的情况可以选择不同的项目移交处理方式解决相应的问题。如果由于某些因素养老基地项目未达到预期收益,则可按照PPP合同的规定适当延长项目经营期;如果项目提前实现其预期收益,也可提前移交项目。在项目移交阶段,政府部门应确认项目是否处于合同约定的完好状态,从而保证项目移交之后能继续运营并保证其产品与服务的质量。

借鉴早先进入老龄社会的发达国家的经验,可以采用"建设—维护—移交+委托运营"的模式。在这种模式中,有三个参与方,一是政府,作为项目的主导者和监管者;二是建设方,也可以说是社会投资人,负责设施的建设和维护;三是运营单位,作为项目建成后的运营者。政府先与社会投资人签订投资和维护更新协议,由其出资建设养老院等设施,在竣工并完成验收后,投资人在一定期限内负责设施的维护和更新,政府以租赁方式获得养老设施的使用权,以租赁费支付投资人建设、维护成本及回报。同时,政府以租赁经营的方式将该养老设施租赁给运营单位使用,或者以委托运营的方式交由运营单位运营,视情况以降低租金方式或按养老院实际入住人数给予补贴,使运营者在提供高性价比服务的同时也能获得合理的收益。这种模式的主要优点是专业运作,解决了养老服务所需的仪器仪表及人员的专业维护问题,同时能够在较长时间内平滑政府投入的现金流。

由于此类做法仍处于不够成熟的状态,不能贸然地使用到养老服务项目中去,因此,政府可以从一些有融资需求和服务需求的单体项目着手进行试点,形成经验后再逐步加以推广。

(三) 合理帮助资本规避运行风险,优化政策法规提升资本参与信心

引入社会资本参与养老项目建设,可以提高养老项目的运营效率,有利于规范养老产业运营,促进老龄化建设的市场化进程。但是,在养老企业的产业运营过程中仍然存在着较多风险,这些风险来自政治、经济、技术、社会等各个方面,倘若政府能够帮助企业规避其运行风险,则能够起到激励养老产业发展的作用。

由于养老项目运营的风险普遍而复杂,因此需要政府采取措施合理帮助社会

资本规避相关风险，包括政策弹性的使用、对损失控制的协助、在风险转移方面的扶持，以及形成风险共担机制。

首先，在政策方面需要有一定的弹性，从弹性风险角度对一些不确定的情景需要有风险管理和控制的意识，从而提升社会资本参与养老服务建设的积极性和信心。政策应当是应时而变的，以适应社会发展而存在。在养老产业的发展过程中，面临来自社会各方以及养老产业自身存在的纷繁复杂的风险，对其进行针对性的分析，及时调整相关政策，有助于从政策的角度对风险管理进行控制。如果政策不能随着风险的变化而进行调整，则可能会造成旧的政策难以应对新的变化的后果，进而加剧风险发生的严重程度。政府在运营养老产业的时候能够通过对政策的弹性调整，增加养老企业的自信心，激励养老企业更加大胆地投身到养老事业中去。

其次，在损失控制方面也要依据风险产生的情况在事前、事中以及事后对风险产生的损失给予养老企业相关的建议和支持、帮助其进行控制。在风险发生之前，通过对即将到来的风险进行预测，提前做好相关的风险处理应急措施，可以有效地降低风险发生的概率。在事中以及事后可以通过对风险发生的实际情况，采用专业的控制技术，如管理技术以及财务技术等，对风险发生造成的实际损失进行控制，从而抑制风险酿成更大的损失。政府拥有较多的人力、物力等资源，倘若能够在损失控制方面为社会资本提供专业的支持，则能够大大降低其风险可能带来的损失，获得一举两得的效果。

再次，在风险转移的基础上，政府应帮助企业合理规避部分运行中的风险，如贷款担保等相应措施，激励社会资本集结和长效投入。如果仅仅只有养老企业自身承担其在养老产业运营过程中的风险，养老企业凭借一己之力可能难以解决即将面临的风险问题，因此，必要的风险转移能够巧妙地通过契约的方式将其所遭遇的风险进行过渡，缓解其面临风险的压力，从而激励其对养老产业长足的投资与运营。

最后，在风险分担层面，政府与企业存在着利益共享与风险共担的关系。政府与其他组织最大的不同就在于，其能够在政策方面有一定的话语权并能为公益性事业提供帮助。因此，政府作为公共部门需要主动承担养老产业中的政策风险并设法从政策的角度给予企业支持；企业应当承担其在项目管理运营中的责任，从企业管理和项目运营的角度解决存在的种种风险问题。

由于中国的老龄化现状以及社会经济形势都处于一种不断变化的状态，因此，难以用一成不变的政策法规去满足现有需要，这就需要政府结合当下的养老问题现状，及时调整和完善其政策法规，以达到支持社会资本介入养老服务建设的目的。

（四）实施养老项目需要政府扶持，普惠型价格需体现公益内涵

政府在筹集更多资金的同时，合理利用社会资本有利于减轻政府负担，化解债务压力。政府的财政来源主要是税收，而税收又来自人民，即使是作为提供公共物品而进行的财政拨款仍然会面临着来自民众因税收压力可能会产生的不满；此外，因要保证民众对纳税的忠诚度与满意度，也不能增加民众的税收压力。因此，政府在提供养老服务时就面临着财政压力大的情况，如果能够获得社会资本的介入，则不仅可以从经济适用的角度解决政府的财政困境，又能将企业引领至提供公共服务的领域，增强企业的社会责任感。但是针对社会资本的回报率问题，收费情况仍然是需要政府进一步沟通掌握的。由于养老项目具有公益的属性，老龄人群也属于弱势群体，所以不能让多数老年人自行承担大额的养老费用。但是如果完全由投资人投资并通过提供养老服务收回投资，资本回报合理的时间和效果仍不能满足资本回报率的预期，所以在普惠型的养老项目中，政府应当适当采取某种形式的补贴。例如，以优惠的价格提供场地或土地、按照床位给予补贴、对护养人员进行培训等。

社会资本在运行养老产业时必须要有一定的场地或者土地作为实体支撑，但是由于土地自身的高成本属性，使社会资本在投入该项固定资本时就要花费巨大成本。又由于出资人的资本有限，这必然会引起后续提供养老服务时难以将大量资金投入，继而阻碍其提供高质量的养老服务。如果此时政府能够在这一方面以管理者的身份为其争取相对应的优惠，则能够激励社会资本更有信心步入养老这一行业中，并能增加社会资本在提供养老服务时的自豪感。由于老年人在获得养老服务时花费较大的一部分固定成本主要是特有床位，因此，如果能给予一定的床位补贴不仅能够增强老年人选择企业养老服务的意愿，同时企业在收到来自需求方的大力支持后也能够更加富有社会责任感地将养老服务做到尽善尽美。在养老产业中，目前存在的较大的问题之一就是护养人员的专业性不够。首先，现在大多数的护养人员依旧是来自农村的中年妇女，她们由于自身文化程度较低，在

自我学习方面难以做到不断提升，再加上经济条件的限制更加阻碍了其继续学习的积极性，因此，如果由政府牵头组织，对其进行专业性的培训，就能大大增强护养人员服务队伍的专业化程度。其次，由于护养人员所从事的工作较为繁杂、工资水平相对较低，造成学习老年护理的大学生也难以调整好心态从事老年护养工作。因此，在老年护养职业教育方面，如果能够加强专业学生的职业自豪感和认同感，再打通其专业能力提升的途径，使得老年护养相关专业的职业前景更加美好，则能够吸引年轻和专业的护养人员从事专业对口的工作，这样就能有效解决老年护养工作人员专业性不强的问题。

上述几项措施均需要政府主动提供帮助，在经济方面为社会资本参与养老服务事业提供帮助，从而有效缓解企业的财政压力，增强企业以及相关从业人员的从业积极性和自信心。

（五）养老项目合作需要公正透明，需要第三方评价体系对此进行监督

在社会资本嵌入模式的管理过程中，需要有第三方评价体系对此加强监管，以提高健康老龄化的治理水平。企业根据养老项目的建设标准、质量要求等约定，负责项目的设计、施工，并有权将建设工作承包给其他单位。项目建设完成并竣工验收后，项目公司可以根据项目特点、自身条件选择自主运营或外包给专业机构来运营养老项目。

由于养老项目具有准公共产品的属性，在其项目运营过程中，必然会得到政府的帮助和扶持，在这个运营阶段，政府是否能够做到将财政真正用之于民，这需要受到来自第三方评价体系的监督；企业能否做到不贪取小利、真正将政府的帮助运用到养老服务项目的建设中去、真正全身心致力于养老产业建设也需要受到来自第三方评价体系的监督。作为第三方评价体系，首先，必须能够不受项目局势的左右、独立而清醒地做出客观评价；其次，又由于其专业的评价特点，必须能够从专业的角度对社会资本嵌入模式的管理借助专业的评价体系进行评价。

在养老项目建设方面，由于项目公司并不从事专业的建设工作，因此，需要将项目的建设工作承包给第三方单位。在项目建设的过程中，只有每一步都保质保量地完成才能促成项目高质量地完成，第三方评价体系从项目的设计、施工等方面都根据其应有的建设标准和质量要求对其进行监督，能够保证项目的质量具

有可靠性。在项目建设完成、项目竣工验收后，项目公司面临的挑战就是养老项目的运营问题。有的项目公司本身就致力于从事养老行业并对养老产业有着较为深刻的了解，因此，可以选择自主运营养老项目，按照自身的思路、想法为养老产业的发展贡献力量，自己见证养老项目从初始走向发展、成熟阶段，并为其倾注心力。但是，也有一部分项目公司仅仅将养老服务项目作为其投资建设的一个方面，在专业度和对养老产业运营的熟悉程度上不具备独立运营一个养老项目所需要的能力，如果强行运营养老项目可能会造成项目运营失败的后果。针对这些无法自行运营养老项目的企业，公司可以根据项目的特点、结合自身的优劣情况去选择适合其公司外包的专业机构。此时的项目公司在整个运营过程中主要承担着决策以及监管的作用，一方面能够节省公司的时间及精力使其能够有心力投资其他切实可行的项目，另一方面由于专业机构的接手也能使得该项目能够获得专业人员的指点，并能依照养老项目的自身特点开展项目运营，从而提高其获得项目收益的概率。

第三方评价体系的监管能够有效地帮助养老项目公开透明地运行，做到保证养老服务质量的情况下惠及需求方，让政府与社会资本在养老服务项目中的合作得到普遍的认可。

结论

政府应当以制度框架制定相关方针政策，多模式、多渠道加强与社会资本的合作，解决养老企业横跨第一产业、第二产业、第三产业，资金大、收益低、投资回报周期长等问题。养老服务产业的发展能够促进服务经济比重的提升，对我国经济结构的优化、转型有较好的促进作用，走多元化、产业化、市场化和规范化的改革之路，有助于促进健康老龄化建设的可持续发展。

对江苏省不同地区应当采用不同的 PPP 模式，江苏省当前迫切需要实现公共服务的均等化供给。要发挥市场在资源配置中的决定性作用、更好地发挥政府作用，这就要求政府突破以往单打独斗的供给模式，将市场竞争机制引入公共服务供给当中，借助社会资本的力量来提升江苏省公共服务供给的质与量，推动江苏省养老服务业又好又快地发展。

［基金项目］本文系 2019 年江苏省决策咨询研究基地项目"生态视角下社会资本嵌入健康老龄化建设的模式研究"（立项号：19SSL104）的阶段性成果。

［课题组成员］朱颂梅、曾红艳。

参考文献

［1］张东志，许江萍．中国养老产业投资潜力与政策研究［M］．北京：经济日报出版社，2016.

［2］王翠娟．优化养老服务供给须化解结构性失衡［N］．学习时报，2017-06-19（006）．

［3］邬沧萍，姜向群．"健康老龄化"战略刍议［J］．中国社会科学，1996（5）：52-64.

［4］世界卫生组织网站．世界卫生组织发布《关于老龄化与健康的全球报告》［J］．中国卫生政策研究，2015，8（11）：78.

［5］Nguyen D.，Bernstein L. J.，Goel M. Asian-American Elders' Health and Physician Use：An Examination of Social Determinants and Lifespan Influences［J］. Health，2012，4（11）：1106-1115.

第二篇　无障碍环境建设

协同治理共建共享
推进区域高质量发展

——区域高质量发展与协同治理创新论坛综述

杨会良　　曾红艳*

（南京特殊教育师范学院管理学院　江苏共享发展研究基地）

内容摘要：2020 年 12 月 12 日至 13 日，由江苏省共享发展研究基地、南京特殊教育师范学院管理学院、河北省社会建设与治理研究基地、河北大学管理学院联合主办的"区域高质量发展与协同治理创新"论坛在南京特殊教育师范学院召开。来自京津冀、长三角、粤港澳大湾区三地高校和智库机构的专家、学者，聚焦"区域高质量发展与协同治理创新"这一主题，围绕"区域重大战略""养老服务高质量发展""社区治理创新"以及"特殊教育省域一体化"等专题展开深入探讨，从不同视角分析有利于深化认知，助推实现区域协同治理创新与高质量发展的双赢。

关键词：区域高质量发展；协同治理；治理创新；会议综述

党的十九届五中全会指出，"十四五"时期经济社会发展要以推动高质量发展为主题。为学习贯彻十九届五中全会精神，有效助力区域经济社会高质量发展，为全面建设社会主义现代化国家开好局、起好步，2020 年 12 月 12 日至 13 日，由江苏省共享发展研究基地、南京特殊教育师范学院管理学院（无障碍管理

---

* 杨会良，男，博士，南京特殊教育师范学院管理学院教授，博士生导师，江苏共享发展研究基地首席专家，研究方向为公共管理、教育经济与管理、残疾人事业管理。曾红艳，女，博士，南京特殊教育师范学院讲师，研究方向为无障碍产业、政治经济学。

学院）、河北省社会建设与治理研究基地、河北大学管理学院首次联合主办的"区域高质量发展与协同治理创新"论坛在南京特殊教育师范学院隆重举行。来自上海财经大学、河海大学、江苏大学、广州大学、河北大学、燕山大学、天津城建大学、江苏省社会科学界联合会、江苏开放大学等多所高校和智库机构的20余名专家学者出席了会议。与会代表聚焦"区域高质量发展与协同治理创新"主题，围绕"区域重大战略"专题，如"粤港澳大湾区建设""长三角一体化""环首都'护城河工程'""区域人才高质量发展""无障碍一体化建设"等，"养老服务高质量发展"专题，"社区治理创新"以及"特殊教育省域一体化"专题等，从不同视角展开深入探讨。

一、坚持实施区域重大战略

党的十九届五中全会部署了一系列任务，提出要"坚持实施区域重大战略"，"推进京津冀协同发展、长江经济带发展、粤港澳大湾区建设、长三角一体化发展，打造创新平台和新增长极"。与会学者关注"粤港澳大湾区建设""长三角一体化""京津冀协同发展""区域人才高质量发展"等领域。广州大学南方治理研究院院长、国家社科基金重大项目首席专家陈潭教授特别关注粤港澳大湾区建设从调适到协同的学术审视，从历史地理学视野、政治地理学视野、经济地理学视野、政治经济学视野四个层面深入讨论粤港澳大湾区建设。他提出，在历史地理学视野下，粤港澳合作不是新概念，大湾区城市群的提出应是包括港澳在内的珠三角城市融合发展的升级版：从过去30多年前店后厂的经贸格局升级成为先进制造业和现代服务业有机融合最重要的示范区；从区域经济合作上升到全方位对外开放的国家战略。在政治地理学视野下，他认为推进粤港澳大湾区建设是新时代推动形成全面开放新格局的新举措，也是推动"一国两制"事业发展的新实践，对港澳参与国家发展战略、提升竞争力、保持长期繁荣稳定具有重要意义。粤港澳大湾区的战略需求可以从四个方面讨论：一是全新的开放平台需要，中间品、知识、技术、资本、人员、服务等在全球范围内的流动和优化组合，对市场规则的一致性以及国际标准的兼容性提出了更高要求；二是创新型发展模式需要，随着技术模仿空间缩小和改革红利逐渐减弱，近年来中国全要素生产率增速持续下降，亟须探索通过科技创新、产业升级，向国际价值链高端攀升，培育新经济动能；三是聚集式变革增长需要，湾区经济形态已经成为全球经济重要增长极与技术变革领头羊；四是"一国两制"的成功需要，近年来香港经济增长放缓、贫富差距拉大、阶层流动性趋弱等社会问题有所加剧，影响到香港社会稳定和人心回归的大局，亟须探索如何将香港自由经济和法治社会的制度优势转化为竞争优势。在经济地理学视野下，他认为粤港澳大湾区的全球特色在于经济实力雄厚、区位优势明显、创新能力突出、国际化水平领先，其创新路径在于空间、科技、产业、贸易创新。在政治经济学视野下，他认为粤港澳大湾区"一个国家、两种制度、三个关税区、四个核心城市"的格局是其最大的特点，同时也是最大的难点和痛点所在。在"一国两制"条件下，让大湾区城市群形成"融合"发展态势，破除行政和制度壁垒，让要素顺畅流动，资源优化配置，形成有机整体以提高效率、释放更强功能，是粤港澳大湾区发展面临的最大挑战。建设好粤港澳大湾区，打造高质量发展的先行示范区，需要包括交通、警务、就业、产业、政务在内的湾区协同治理。

燕山大学博士生导师、河北省公共政策评估研究中心首席专家刘邦凡教授对环首都"护城河工程"行动进行了研究，他提出，所谓"护城河工程"主要是指为了维系全人类基本发展前途的危机预防工作，包括政治、经济、社会、生态、文化等多个领域的"护城河工程"，当下尤其要重点关注"生态危机护城河工程""人类生命危机护城河工程""网络危机护城河工程""生物基因危机护城河工程""人工智能危机护城河工程""生化武器预防护城河工程"等新型危机预防"护城河工程"。环首都"护城河工程"经过了三个阶段的发展：第一阶段（1994~1999年）是河北与北京维护稳定的安保工程；第二阶段（2000~2012年）是七省区市联防联控安保工程；第三阶段（2013年至今）是七省区市维系社会经济发展工程。在分析环首都"护城河工程"的突出成效与发展展望时，他认为，从1995年环首都"护城河工程"实施以来，25年间七省区市尤其是河北各级各部门、河北环京4市13县，在部署工作、做出决策时都自觉把维护首都稳定，确保全国"两会"、国庆等各个重大政治和庆典活动的绝对安全，确保敏感期间不发生重大问题放在重要位置，全盘考虑，周密谋划，为维护首都安全做出了突出贡献。在讨论危机预防"护城河工程"的重大意义时，他认为，为应对并有效治理各种公共危机，减少其发生频率、最大化降低其破坏力，保持人类社会生存和发展的底线，建立维系全人类基本前途的"护城河"理论，具有重要的理论价值和现实意义。

河海大学系统工程与管理创新研究中心主任杜栋教授从系统观、战略观认识长三角高质量一体化，重点关注区域城市群协同治理。他认为，通过区域城市群的协同治理创新以推动长三角高质量一体化，高质量一体化应是目的，系统治理创新是手段，而其中长三角一体化最核心的问题是一体化的体制机制创新。他对长三角区域城市群的治理给出了新的视角，即从共同体关系的视角去分析跨领域治理手段，实现长三角一体化理想目的即互利共赢。在对"长三角一体化高质量发展""长三角高质量一体化发展"概念进行辨别的基础上，他提出，"一体化"和"高质量发展"之间的内在逻辑在于，一体化是一个过程，高质量是一个结果，应以一体化的思路和举措促成高质量发展，而不是为了一体化而一体化。一体化的关键是创新生产要素在省市之间、城市之间、城乡之间跨界自由流动和科学配置，特别是实现区域发展的动力变革、效率变革、质量变革，最终促使质量能力真正提升，一体化程度真正上一个台阶。长三角一体化的组织形式，真正一体化的机制远没有构建起来。一体化体制机制构建应关注如何评价一体化的绩效、各方参与一体化的积极性、有无责任追究机制等问题。关于具体如何构建体制机制，促使作为合作方的地方政府不放弃一体化的努力，他认为，应通过区域治理促进长三角一体化，区域空间是从宏观来说，是三省一市关系，从中观来说，更多的更务实的是城市群、城际的关系；从微观来说，从最初的 26 个城市扩展到 41 个城市，是每个城市自身的高端发展。从管理方面说，有决策层、协调层、执行层三级磋商机制，通过这样的机制，特别是结合长三角的一些共性特征和各省市的一些具体的特征，完成从单一治理项目到协同治理转变。杜教授特别关注以城市群作为研究对象来讨论，提出凝练成区域城市群，通过城市群的协同治理，包括经济治理、社会协同治理、生态系统治理，以建立共同体的关系并推动整个长三角一体化，这是区域发展重要的抓手，也是推动区域一体化的核心动力。因此，建构机制问题的核心包含三个方面：一是要素市场一体化；二是基本公共服务一体化，即发展机制问题；三是成本共担—利益共享机制。关于协同治理，他指出，不仅要关注参与主体的多元性和治理过程的协同性，更要关注治理结果的超越性。

江苏开放大学全国无障碍环境建设专家周序洋教授聚焦长三角区域无障碍环境一体化建设，从背景、理念、实施三个方面进行了阐述。在讨论无障碍环境建设的背景时，他认为，无障碍环境是社会文明的标志，无障碍环境建设在"十四五"时期进入了新阶段，体现为"顶层有要求、人民有需求、经济有能力"，尤其是我国社会老龄化进程的趋势对无障碍环境建设提出了更高的要求。无障碍环境理念指导无障碍环境建设，还存在一些亟待破除的问题。第一，无障碍环境实质是一个包容性的、融合性的社会环境，是方便包括残疾人、老年人在内的全体社会成员平等、自由而有尊严地参与社会活动和生活的环境，因而无障碍环境是不同人生阶段的需求，而不仅仅是残障群体的需求；第二，无障碍环境不应仅仅体现为关爱，还应体现为一项权利；第三，无障碍环境不应只停留在尊重差异上，而应使用通用设施的理念。回顾我国无障碍环境建设的发展历程，可以看出我国无障碍环境建设起步较晚、进步较快、法规规范基本完善，无障碍环境建设采用的是政府主导、社团建构、市场配置、社会参与的模式。无障碍设施建设应强调无障碍通用设施、无障碍服务设施、无障碍信息交流设施等内容，例如，我国的盲道建设，在实践中到处铺设盲道与规范所要求的主要商业街铺设盲道不符，未来要用信息化手段逐渐代替盲道功能。在比较分析纽约大湾区、粤港澳大湾区、日本的无障碍建设的经验的基础上，周教授总结出长三角区域无障碍建设一体化的特点：一是无障碍环境建设融入城市治理的信息化平台；二是无障碍环境建设进入乡村和社区；三是无障碍环境建设进入旅游景区、银行营业厅；四是无障碍环境进入家庭，进行有针对性的改造。总体来说，长三角地区无障碍环境水平高于中西部地区，但与经济发展水平相比存在差距。这种差距表现为：第一，无障碍设施建设较为完善，但是区域无障碍互联互通还存在不足；第二，公共交通设施的无障碍建设水平一体化还有待提高，如无障碍出租车较少；第三，信息化时代的无障碍建设应该紧跟信息化时代发展，智慧城市是无障碍环境建设的美好愿景；第四，区域无障碍一体化共建共享应该加强。

江苏省社会科学界联合会科研中心主任徐军海教授重点关注区域高质量发展中的人才发展，以实践为切入口对"十四五"时期人才发展背景、逻辑和战略布局进行了论述。他认为，人才是区域高质量发展的战略资源、第一资源，面向"十四五"规划和2035年远景目标，人才高质量发展面临机遇和挑战。从外部条件上看，世界人才格局经历百年未有之大变局，中国在世界竞争单边化大背景下，人才发展在"十四五"或更长一段时间将面临扭转性甚至根本性的变化格局。美国对中国的全面封锁，包括留学政策、学术交流以及对中美之间科技交流的严格审查制度导致中美科技人才交流在未来很长一段时间会存在很大障碍。在国内，党的十九届五中全会公告把创新作为一个专章，提出了科技自立自强的概念，传导到人才布局上未来几年会发生一些根本变化。在这种背景下，他指出，人才战略格局的关键问题是人才作为第一资源怎样为科技自立自强提供重要支撑。这关系到整个国家战略的科技力量布局，在未来，首先是将更为强调基础研究和源头创新；其次是人才的资源配置，需要处理好技术开发企业与高校之间的关系；最后是高质量发展、高水平协作，城市具有超强的快速适应新趋势的能力，从而成为国家竞争力的创新枢纽，这要求区域协作模式，因此城市人才政策工具的设计思路需要转变，即从激励性的政策工具转向服务性工具，以及生态型工具，基于人才发展政策进阶模式的逻辑，未来更需要转向创新生态建设方面。他提出，现代人才发展治理体系的特征包括：一是治理主体多元化；二是治理结构网络化，即从科层级的简单垂直型的网络向跨区域、跨部门、跨单位的交叉网络转变，形成自组织的运作网络；三是治理模式柔性化，即更注重从非正式的制度，如强调工匠精神、科学精神这样非正式的制度成为治理的工具，在评价体系上强调计量评价和专家评价相融合；四是治理工具综合化，从过去结构性工具转向综合工具，包括利用现代信息技术进行敏捷治理。关于人才高质量发展的战略布局，他认为，从国家层面、从省级层面与从地级市层面布局的战略存在很大变化。从区域来讲，主要是聚焦增强产业供应链的自主控制能力，以江苏为例，一是要聚焦人才结构优化与人才供应链再造；二是要聚焦协同问题，促进产教才一体化、产教城一体化、区域人才一体化；三是人才数字化的治理；四是政府人才治理和企业人才管理协调；五是要素生态化。

二、新时代养老服务高质量发展

党的十九届五中全会审议通过的《中共中央关于制定国民经济和社会发展第十四个五年规划和二〇三五年远景目标的建议》，首次提出实施积极应对人口老龄化国家战略，人口老龄化上升为国家战略。上海财经大学公共经济与管理学院副院长杨翠迎教授聚焦养老服务高质量发展问题，她认为，我国养老服务发展分为四个阶段，经历了补缺阶段（1999 年前）—追求数量阶段（2000 ~ 2011年）—追求质量阶段（2012 ~ 2020 年）的历程，走向高质量发展阶段。高质量发展阶段可分为两个次阶段，第一阶段（2020 ~ 2035 年）解决获得感问题（都有且都能享受综合服务），彻底实现数量—质量—高质量的飞跃；第二阶段（2035~2050 年）解决幸福感问题（都有且都能享受有品质的综合服务），实现有尊严有品质的养老生活。养老服务高质量发展的高质量特征应体现为服务模式与体制合拍（需合理体现政府与市场的合作关系）、服务内容符合需求预期（需从老年人的需求角度考虑供给）、服务供给适应支付能力（应充分体现资源支撑能力和服务购买力）以及消费者获得感、体验感、幸福感强四个方面。因此，高质量要求更加注重内涵式发展，构建养—医—康—护—临终关怀五位一体服务，同时更加追求质量发展，设施、服务内容、服务方式附加值应更高，更加重视获得感、幸福感，政策的落实与需求者的满意度要上升。充分发挥政府、市场及个人多元主体的合力，为城乡居民在养老生活中实现基本连续的医疗、康复、护理及临终关怀服务，即让每一位老年人能够得到连续、适宜、规范、便捷的基本的养—医—康—护—临终关怀"五位一体"的服务，是养老服务高质量发展的终极目标。具体来看，高质量发展的基本举措通过医养护结合试点、长期护理保险试点、社区养老服务改革试点进行。试点实践中暴露出许多问题：如供给侧短板、需求侧堵点、支付端机制不畅等，其症结集中表现为政府与市场关系胶着，陷入双重困局；不平衡性顽疾难以消除，影响满意度和获得感；高质量发展后劲不足，既缺乏推力也缺乏拉力。"十四五"乃至未来 15 年是我国养老服务发展转型升级的重要时期，未来 15 年高质量发展的总体思路应是继续转变职能，分清责任，凸显政府与市场合力，优化结构，加强总量供给，让每一位老年人都有获得感、幸福感。

三、后疫情时期社区治理创新

新冠肺炎疫情防控尤其凸显社区治理创新的重要性。天津城建大学科研处处长何继新教授对社区基层公共服务魅力质量管理进行了阐述，从魅力质量管理角度采用服务蓝图工具作为方法论探讨新社区基层公共服务高质量发展范式。他提出，基层公共服务从实践视阈看体现出体验化、感受度、品质化、便捷性、个性化、精准性等高层次质量水平要求以及主动参与式的价值共创目标追求，以提升民众的体验感与获得感。从理论视阈看，魅力质量理论成果在公共服务领域中尚不多见。基于此，基层公共服务、魅力质量、服务蓝图三个概念可以耦合和再塑。魅力质量是指达到基本质量和一元质量基础上得到一种新价值的更高享受，反映的是获得感的提升，也被称为超然质量。服务蓝图内涵是基于服务系统和服务流程的服务设计工具。社区基层公共服务蓝图内容包括四大主体行为（分别是民众参与行为、前台接触服务人员行为、后台接触服务人员行为及幕后支持过程四个模块）和三大分界线，即外部互动分界线、内部互动分界线、可视分界线。社区基层公共服务魅力质量服务蓝图过程分为五个阶段：第一阶段为绘制民众体验；第二阶段为详细分析公共服务的动态流程发展；第三阶段为识别公共服务质量管理过程的失分点；第四阶段为划分失分点的优先级别，提供改进的可行性建议；第五阶段为创建公共服务过程改进计划。要根据四大主体行为和三大分界线构建服务蓝图与服务系统图，在完成公共服务过程的服务蓝图绘制后，对整个服务体系进行资源配置，并对整体公共服务进行规划设计，绘制公共服务系统图。这一蓝图在期望层面应关注社区基层公共服务质量水平的利益相关者的期望，在交互层面应关注公共服务过程中社会民众与政府的交互过程，在服务层面的出发点与落脚点是公共服务对象，服务对象被细化、细分、兼顾，服务内容进行分类化管理。这一蓝图在流程层面细分为两个流程：一是民众对公共服务质量提出需求意见，政府部门评估需求的合理性，协商制订方案；二是民众研判服务方案满意性—供需协商改进完善服务—执行服务方案和动态反馈。这一蓝图在组织层面分为服务决策体系、服务咨询体系、服务协管体系、服务执行体系、服务评估体系五大体系。这一蓝图在保障层面，突出硬资源保障、软资源保障、财力资源保障。关于服务蓝图视阈下提升社区基层公共服务魅力质量的对策，他认为：政府层面应加强顶层设计，建立和完善服务质量标准、搭建开放平台，满足利益相关主体参与期望、平衡质量鸿沟，促进服务时空均衡化、均等化；社会层面应提升社会组织参与基层公共服务管理和服务的能力等；民众层面应提升社区民众参与服务全程供给过程的水平等；市场层面应积极推进市场主体参与的协同合作、良性互动的管理模式等。

　　江苏大学医疗保险与公共政策研究中心主任、江苏老年医疗保险研究基地主任周绿林教授对后疫情时代的社区治理创新进行了分析，其强调社区防控的重要性。在回顾我国新冠疫情防控的基本情况后，围绕如何充分发挥社区防控作用的问题，他提出了疫情防控社区治理创新策略。他指出，中国新冠肺炎疫情防控到目前划分为五个阶段，第一阶段（2019年12月27日至2020年1月19日）为迅捷应对突发疫情阶段；第二阶段（2020年1月20日至2月20日）为初步遏制疫情蔓延势头；第三阶段（2020年2月21日至3月17日）为本土新增病例下降到个位数，疫情总体得到控制；第四阶段是湖北武汉保卫战取得决定性成果的阶段，基本上到2020年4月28日；第五阶段从2020年4月29日至今为疫情防控进入常态化时期，又可以称之为后疫情时代。习近平总书记2020年3月10日在湖北考察讲话中就强调了社区防控的重要性。社区是疫情联防联控的第一线，同样被世界卫生组织所倡导。总结我国新冠疫情社区防控中的经验和特点：一是党建引领，党组织的作用特别是最基层的社区党组织作用有效发挥；二是社区的力量得到了大大的增强，社区共同体意识得到加强。同时，新冠疫情防控当中也暴露出一些教训：一是防控的能力不足；二是专业知识、专业能力不足，社区工作者、志愿者大都没有学过医学知识；三是防控物资不足；四是广大老百姓缺乏健康良好的公共生活习惯。这次新冠肺炎疫情社区防控也体现了创新策略，体现为党的领导作用、政府的作用、社区的作用的有效发挥。因此，一要强化组织领导，充分发挥基层党组织的引领作用；二要建立全周期管理的思维，实现动态治理；三要依法治理，同时在突发性面前，在规定的程序重要还是人生命重要的问题前要有一点小变化；四要运用现代手段来培育社区利益共同体，通过人工智能大数据等手段服务于社区治理；五要落实群防群治，动员社区群众共同参与；六要开展联防联控，实现精细化防控；七要大力开展爱国卫生运动；八要借鉴国际经验，扩大国际和地区合作。

四、特殊教育省域一体化

南京特殊教育师范学院张伟锋副教授研究了省域特殊教育一体化发展治理创新。他提出，特殊教育属于独立的教育领域，需要强有力的行政推动和法律保障。"十三五"期间特教事业得到快速发展，特殊教育事业法规的出台和行政推动起到了积极作用，如《残疾人教育条例》的修订，连续实施特殊教育提升计划，残疾儿童随班就读指导意见的出台，财政投入的增加，在县级层面成立残疾人教育专业委员会，特殊学生一人一案安置制度的推行等。特殊教育不仅和义务教育有关系，也和安置在家的重度残疾儿童有关，还与学前、小学、初中、高中和高校的师资培养也有密切关系，这是探讨特殊教育一体化协同治理的背景。张伟锋副教授聚焦省域层面，以江苏省为例探讨了江苏的区域优势和特教发展，他认为江苏省特殊教育经过 30 多年的发展取得了显著成就：一是继续推动江苏特殊教育发展工程建设，用工程项目的方式来破解教育发展面临的瓶颈和困难，成效显著。二是出台了具有区域特色的第二期特殊教育提升计划，明确了江苏在这三年当中的任务书、路线图和时间表，对特殊教育进行了全面系统的安排，具有鲜明的问题导向和可操作性。三是出台了《关于加强普通学校融合教育资源中心建设的指导意见》，部署全省融合教育格局，形成以普通学校为主体，特殊学校为专业指导，按需提供特殊教育服务的融合教育格局。在讨论江苏省特殊教育的发展态势时，他认为，目前制度化在加强，体系在建立，特殊教育体系向全类型、全学段发展，在安置和专业支持上专业化、信息化不断推进。从发展目标角度看，融合教育代表高质量教育，是教育的一个潮流，应该是基础教育改革的重要机遇。目前特教发展主要面临的困境包括：一是具体制度方面，包括经费、项目政策支持力度有待加大，评估认定机制还有待进一步建立，就近便利安置还有待落实，支持保障体系还需完善，部门协同推进力度、家园共育举措还需增强等。二是特殊教育发展的格局需加强顶层设计，仅仅有国务院的法规文件还不够。关于特殊教育是县域治理还是省域统筹的问题，他认为，在县级层面能否建立专业委员会涉及县级政府的资源问题，这方面难度很大。在"十四五"规划当中，尤其是一些文件需要有可操作性，明确包括人力、物力、资金、技术等多个方面的制约因素。立足于省域探索一体化发展，他提出，在治理困境当中需要治理创新，尤其是省域层面一体化发展的行政治理体系改革，需要强调行政专责化，教育部门主导，需要高位统筹，同时需形成特教特办的体系，以及财政编制和全社会支持的工作保障机制。

2020 年是我国开启全面建设社会主义现代化国家新征程的开局之年，在充满不确定性的世界背景中推动我国经济高质量发展，实现预期目标，必然要求在空间上实现共同发展，坚定实施区域协调发展战略。本次会议对"长三角一体化""粤港澳大湾区建设""京津冀协同发展""养老服务高质量发展""社区治理创新""无障碍一体化""特殊教育省域一体化"等重要议题进行了深入探讨与交流。此次论坛是一场深入贯彻党的十九届五中全会精神、推进区域高质量发展和协同治理创新的高质量盛会，也是一次专家汇集的学术盛宴。论坛的成功体现在以下几个方面：一是高质量报告精彩纷呈；二是宽领域的学科交叉融合；三是高站位深探究的学术创新；四是多平台搭建的合作交流。每一场报告都契合论坛主题，并从不同学科、不同领域、不同视角对区域高质量发展与协同治理创新提出了善策良言、真知灼见，从不同视角分析有利于深化区域高质量发展与协同治理创新认知，助推实现区域协同治理创新与高质量发展的双赢。

基于政策计量分析的
无障碍政策优化研究

康　丽[*]

内容摘要： 30 多年来无障碍政策的陆续颁布，反映了我国无障碍领域的制度嬗变。无障碍政策联合发布主体之间形成的合作网络，是可用于政策主体间关系结构研究的重要印迹，既体现出无障碍事务的交叉性和复杂性，又为我们从政策主体协同推进无障碍角度量化研究无障碍政策问题提供了一扇窗。本文从无障碍内涵的阐释出发，结合我国中央层面颁布的无障碍政策文献数据，运用社会网络分析法，对我国中央层面无障碍政策总体特征、无障碍政策主体合作网络结构特征进行量化研究。本文中的研究有助于识别和分析无障碍领域政府部门间的合作模式，为增进政府部门协同合作，不断优化我国无障碍政策，进而为促进无障碍环境建设提供对策建议。

关键词： 无障碍；政策文献；计量

老龄化社会的发展、社会主要矛盾的变化使全面提升生活环境质量成为当前社会发展面临亟待解决的重要问题之一。无障碍环境早已不是残障群体的专利，它已成为伤病残、老人、妇幼乃至全社会所有人可以共享的普惠性福利。安全、便利、舒适的无障碍环境已成为体现现代社会文明程度的重要标志。

＊　康丽，女，副教授，博士，南京特殊教育师范学院管理学院教师，研究方向为无障碍治理。

一、问题的提出

无障碍环境建设关系到数以亿计的老年人、儿童和数以千万计的残疾人的切身利益，加强我国的无障碍环境建设具有必要性、紧迫性。现有关于无障碍主题的研究中，关于无障碍政策研究的文献数量比较有限，只有少数学者关注了无障碍政策法规的研究。孙祯祥等（2010）研究了澳大利亚信息无障碍政策法规对我国的启示；章品等（2010）探讨了美国信息无障碍法律法规建设对我国信息无障碍法律法规支持体系建设的启示；贾巍杨等（2014）通过比较中日美无障碍设计法规提出了推进我国无障碍法规建设的建议；赵媛等（2011）在论述我国信息无障碍建设法律法规现状的基础上，指出存在的问题并分析原因，结合国外的先进经验，提出了完善我国信息无障碍建设法律法规保障体系的方案；廖慧卿等（2015）通过对三类企业组织的跨个案比较分析，提出要把就业场所的无障碍环境建设和改造纳入政策议程，以促进残疾人融合就业。这些研究为我们进一步分析我国无障碍政策法规，更进一步促进其完善与发展奠定了良好基础。但是，现有研究在研究方法上偏重于定性分析，缺乏从量化角度对无障碍政策进行研究。当前无障碍政策法规建设具体存在哪些不足？需要健全和完善哪些方面？为什么要健全和完善这些方面？主要依据是什么？现有研究对这些问题的关注远远不够。

本文中的研究从政策科学视角尝试解决上述问题，并力求通过解决这些问题，完善我国无障碍政策，促进我国无障碍环境建设工作的发展。政策文本是政策研究的重要载体，通过对政策文献的量化分析，能够探究政策体系中存在的具体问题，并在此基础上提出政策优化建议。因此，本文首先确定了政策研究视角，通过全方位、多渠道系统梳理了当前我国无障碍环境建设政策研究的现有成果，全面了解相关研究状况，为探讨无障碍环境建设政策研究奠定理论基础。同时，本文通过全面搜集我国中央层面无障碍环境建设政策，基于政策文献的量化分析，系统梳理了我国无障碍环境建设政策的发展历程，并采用文献计量分析方法、社会网络分析方法、内容分析方法，系统分析了无障碍政策的整体特征、历史变迁以及无障碍政策主体合作网络的结构特征。本文着力阐释以下问题：①无障碍政策主体参与数量以及合作规模；②无障碍政策主体及其地位；③无障碍政策主体中的核心主体、边缘主体。本文中的研究有助于清晰呈现当前无障碍政策主体合作网络中的结构关系，对调整不同主体之间关系，进一步挖掘当前我国无障碍政策协同治理中面临的挑战，不断提升无障碍协同治理能力具有现实意义。

二、相关理论基础

"无障碍"的内涵并不是一成不变的，而是随着人们对无障碍的认识和行动而不断演变、深化发展而形成的。无障碍发端于20世纪30年代，当时北欧一些国家试图运用现代技术和方法进行无障碍建筑和设施的设计，提供专为残疾人使用的扶手和坡道，以方便残疾人平等便利地融入社会生活。1959年，欧洲议会通过的《方便残疾人使用的公共建筑物的设计与建设的决议》首次提出了"无障碍"的概念，强调建筑的新建和改造要充分考虑残疾人的需求①。1961年，美国率先制定了世界上第一个无障碍标准，即《使残疾人易接近使用的美国建筑设施设计规范说明书》②。1974年召开的联合国残疾人生活环境专家会议正式提出了"无障碍设计"（Barrier-free Design）的概念，自此"无障碍"一词在国际社会被广泛使用。1982年联合国通过的《关于残疾人的世界行动纲领》，有6条与无障碍相关，包括各种限制残疾人活动的物质环境、文化和娱乐环境，必须消除或者减少影响残疾人平等和充分参与的各种障碍③。无障碍概念开始从建筑设计领域向与残疾人生活相关的更加广泛的社会领域拓展。

1990年，《美国残疾人法》在立法过程中，将无障碍与残疾人公民权利保护和反残疾歧视立场联系在一起，基于保障残疾人平等参与和受益的机会，规定就业、交通、公共设施、政府服务和电信等各方面对于残疾人必须是"可进入的"

---

① 成斌. 国内外无障碍环境建设法制化之比较研究［J］. 西南科技大学学报（哲学社会科学版），2005（3）：28-31+56.

② 段培君，等. 无障碍国家战略［M］. 沈阳：辽宁人民出版社，2019：2.

③ 住房和城乡建设部，工业和信息化部，中国残疾人联合会. 国内外无障碍建设法律法规选编［M］. 北京：华夏出版社，2010：293.

"可使用的"，由此提出了无障碍概念新的术语表达，即 Accessibility①。这一概念贯穿于该法案，成为美国残疾人权利立法的核心概念，也影响着随后很多国家和地区的人们关于无障碍的认识和行动。1993 年 12 月联合国大会第 48/96 号决议《残疾人机会均等标准规则》附录第五条规则"Accessibility"明确提出了包括物质环境的无障碍、信息和交流的无障碍两个方面 11 项具体规则与要求。这是 Accessibility 概念首次正式出现在残疾人权利国际文书中，标志着无障碍开始成为国际残疾人事务的核心主题②。

2006 年 12 月第 61 届联合国大会通过的《残疾人权利公约》（下文简称《公约》），明确了"通用设计"（Universal Design）的定义，同时将"Accessibility"确立为残疾人权利的基本原则。《公约》第九条完整阐明了无障碍的意义、适用范围以及应当采取的措施，给出了更为周详的释义。③《公约》强调，实现无障碍的重要目标是促进残疾人独立生活和充分参与，衡量无障碍的价值和标准是保障残疾人平等权利和平等机会。

近十几年来，随着信息网络技术应用的不断发展和平等权利、共享理念进一步深入人心，"无障碍"（Accessibility，"可及性""可使用性"）作为一项技术标准和服务规范，也作为基本的公共价值，快速渗透到了政治、经济、社会、文化等各个领域。2014 年，国际标准化组织修订了《在标准中界定无障碍的指南》（第二版），正式将"无障碍"（Accessibility，"可及性""可使用性"）定义为"指产品、服务、环境和设施能在多大程度上被最大范围的不同特征和能力的人群使用，以在特定使用环境中实现特定目标"。这一无障碍（Accessibility）概念既强调普通服务，又重视特别支持，与近年来残障领域所倡导的通用设计、合理便利的要求完全契合，也印证了从包容的角度理解无障碍可以惠及每个人这一概念。2019 年 7 月第 74 届联合国大会临时议程根据第 72/162 号决议提交的秘书长报告"无障碍环境与《残疾人权利公约》及其任择议定书的现况"（A/74/146），重申了此前联合国经济和社会事务部有关无障碍环境与发展问题的讨论结果（ST/ESA/350），将无障碍（Accessibility）定义为："指提供无论是虚拟还是实体的灵活的设施和环境，以满足每个用户的需求和偏好。这可以是容易接近、

---

① 闫蕊．美国无障碍环境建设［J］．社会保障研究，2007（1）：199-208.

② 厉才茂．无障碍概念辨析［J］．残疾人研究，2019，12（4）：64-72.

③ 参见《残疾人权利公约》。

到达、进出、与之交互、理解或者以其他方式使用的任何地方、空间、项目或服务。"这份残障领域的重要报告强调了"每个人的无障碍"。与 2014 年国际标准组织的界定相比，这个定义强化了主体意识和发展视角，并第一次用"虚拟的环境"来概括信息化社会数字世界的基本特征。

"无障碍"一词在 20 世纪 80 年代进入中国，是为了建设残疾人设施而从国外学习和引入的，所以"无障碍"（Barrier-free）是个舶来词。几十年来，中国社会对无障碍概念的理解，在对"障碍"的认识和消除障碍的行动中不断深化。1989 年中国颁布实施《方便残疾人使用的城市道路和建筑物设计规范》（JGJ 50-1988），2001 年修订为《城市道路和建筑物无障碍设计规范》（JGJ 50-2001），2012 年又进一步改版为《无障碍设计规范》（GB 50763-2012），适用对象从残疾人到所有有需求的人，建设场所从城市道路、公共建筑向城市社区和农村各类公共建筑、公共设施延伸，无障碍类型也从设施建设向公共服务、信息领域拓展。1990 年，《中华人民共和国残疾人保障法》提出了关于无障碍设计规范的法律任务。1996 年，国家出台了包含无障碍要求的《中华人民共和国老年人权益保障法》。2012 年，国务院颁布了《无障碍环境建设条例》（以下简称《条例》），将"无障碍环境建设"界定为"为便于残疾人等社会成员自主安全地通行道路、出入相关建筑物、搭乘公共交通工具、交流信息、获得社区服务进行的建设活动"，这一界定对无障碍理论研讨和实践领域产生了很大影响。该定义借鉴《公约》第九条关于"无障碍"的规定，列举了物质环境、交通、信息交流和社区服务等无障碍类型。但与《公约》相比，《条例》在确定无障碍目标、价值和空间范围上都有明显差异①：第一，《公约》对"无障碍"的定义立足于促进人的权利实现、能力发展和机会增长，目标是"使残疾人能够独立生活和充分参与生活的各个方面"；《条例》的定义更强调环境本身的便利性和安全性，目标是"为残疾人带来更加便利和安全的环境"。第二，《公约》将平等视作无障碍的前提，以残疾人能否获得平等权利和平等机会为标准衡量环境是不是无障碍的；《条例》则以无障碍作为实现平等参与的先决条件。第三，《公约》强调残疾人有机会使用信息、通信的技术和系统；《条例》则强调获得语言（文字）信息的手段和方式，没有强调获得和使用信息，没有规定"信息无障碍"的具体方面，没有关注由电子、信息、通信和网络等技术和系统所拓展出来的广阔的无

① 厉才茂. 无障碍概念辨析［J］. 残疾人研究，2019，12（4）：64-72.

障碍空间。虽然《条例》与《公约》在无障碍的定义上存在差异，但这些年中国在倡导和推进无障碍的过程中，始终把促进包括残疾人在内的社会成员的活动自由和平等参与作为目标，这表明现代中外关于无障碍的理念和价值在根本上是相通的。

"无障碍"可翻译为英文"Barrier-free"和"Accessibility"，前者是早期普遍使用的词语，后者是最近30年逐渐统一的规范用语，其语义的变化也在一定程度上反映了人们对无障碍认识水平的不断提高。Barrier-free最早专门面向残疾人，尤其是肢体残疾者，然后逐步拓展到失能的老年人、怀孕的妇女、无法独立行走的儿童和病人等特定人群。一切有关障碍的判断和无障碍的设计，都是基于特定人群的特殊需要做出的。Accessibility则面向所有人群，包括产品的设计和环境的考虑尽最大可能面向所有使用者的需要，努力做到人人可及、人人可用。这就是通常讲的"通用设计"，即无须做出特殊调整或特别设计的产品、环境、方案和服务设计，就可以让所有使用者去适应或使用。

Barrier-free刻画物质环境、制度环境的属性和状态，无障碍设计旨在减少或者消除环境障碍，让失能者起居、出行、交流、生活更方便。可见，它聚焦环境本身的友好性、便利性。Accessibility与Barrier-free相比，更关注提升包括残疾人在内的各类特定人群"进入"某一设施、场合以及"使用"某种产品、服务的机会或能力。Accessibility概念更强调人的主动参与和履行积极义务，聚焦人与环境的交互作用，而不仅仅指环境本身的便利与否。Barrier-free和Accessibility在价值目标、思想理念、行动方向上有显著差异。但在工作实践中并没有明显的分界，例如《世界残疾报告》等重要文件和一些社会倡导仍将Barrier-free和Accessibility两个词合在一起表达"无障碍"，体现了用语实践的多样性和复杂性。

无障碍是一项跨学科、多领域、多层次的社会系统工程。当前，无障碍建设已经从城市道路、公共建筑、公共交通，发展到信息交流和社区服务；从消除公共设施的障碍，逐步延伸到推进住宅无障碍；从建设改造各类硬件设施和物理环境等实体世界，到利用现代信息和通信技术构筑人人可及可用的虚拟世界，无障碍概念内涵不断丰富、外延不断拓展。

综上所述，无障碍是残疾人、老年人等社会成员平等、充分地参与社会生活，安全、便利地出入相关建筑物、使用交通工具、利用信息和通信技术系统、获得公共服务的一种生存与发展的环境状态。

无障碍是残疾人等特殊需要人群独立生活、融入社会的必然要求。从发展的角度看，环境障碍消除的程度、社会支持的力度和残疾人自身参与的能力，共同决定着残疾人社会融合的程度，而这三个方面，正是无障碍可以发挥价值之所在。《2019 中国信息无障碍发展研究报告》指出，信息无障碍在实现信息转化、信息强化、操作便利的基础上，逐步实现无障碍设施与无障碍信息服务的融合。互联网、云计算、人工智能、大数据等将为残疾人、老年人等实现社会融合和全面发展提供前所未有的支持手段和方式，这些技术、产品和服务将协助他们与变化着的社会环境形成良性互动，无障碍在为障碍者赋能方面的作用将更加凸显。

无障碍是确保残疾人、老年人等社会成员实现公民基本权利的重要前提。无障碍立足于促进人的权利实现、能力发展和机会增长，目标是"使社会所有成员都能够独立生活和充分参与生活的各个方面"。人们对无障碍的认识，从满足一部分人自主生活和参与活动的特殊需要，到保障每一个人的平等权利和基本自由，是对公民基本权利和残疾人尊严认识的一大飞跃。人们不能把无障碍看成社会环境中可有可无的一部分，也不能将之理解为一部分社会成员对另一部分社会成员的特殊关爱。无障碍进程的每一次重大突破，从根本上讲，都是公民基本权利的争取和确认。

无障碍是人类文明进步的尺度，是实现人们对美好生活追求的重要保障。无障碍的设施、技术、产品和服务，无论环境形象、出行工具、辅助技术、交流方式，都已经构成了独特而重要的社会文化形态。其文化价值是坚持以人为本，把每一个人的尊严放到第一位，促进社会包容、多元、可持续发展。这样的文化价值与社会主义核心价值观和人道主义精神是完全契合的，是实现人们对美好生活的向往，使人们享有自由、平等的生存与发展权利，实现社会公平正义的重要保障。

三、政策总体特征分析

无障碍环境建设是现代文明城市的重要标志，是惠及包括残疾人、老年人、妇女、儿童、伤病人在内的所有人的公共物品。随着经济社会的发展，文明程度的提高，中国越来越重视在法制层面促进公民无障碍权利保护，目前，中国已经形成以《残疾人权利公约》为国际规范，以《中华人民共和国宪法》为根本依据，以《中华人民共和国残疾人保障法》为基础，以《无障碍环境建设条例》

为主导，以地方无障碍环境建设法规为主体，以相关法律法规为辅助，全面保障公民无障碍权利和促进无障碍环境发展的法律体系。据统计，中国涉及无障碍环境建设的法律、行政法规和国务院部门规章已经达到40多部，地方性法规和地方政府规章数百部，涉及无障碍环境建设的标准规范几十部，为推动中国无障碍环境建设提供了有力的法制保障。总体上，中国已经基本建立了无障碍环境建设组织管理体系，依法全面系统开展无障碍环境建设取得显著成效，保障了人民群众特别是残疾人、老年人合法权益，促进了城乡建设水平提高和社会文明进步，城市无障碍化格局基本形成。

本文研究数据来源于"北大法宝"法律数据库①，主要以标题或全文为"无障碍"进行检索搜集，为了保证政策样本的准确性和代表性，本文进一步依据以下标准对政策文本进行了筛选：第一，主要选取中央层面发布的无障碍政策，地方层面的政策文件仅选择省级行政区、自治区、直辖市的无障碍政策；第二，主要选取直接与无障碍有密切关系的政策文本，剔除仅仅泛指的文本；第三，主要选取法律法规、规划、意见、办法、细则、条例、通知等体现政府态度的文件，剔除重复的、失效的、已被修改的政策文本，剔除国家领导人及相关负责人的讲话、信函、批示、工作报告等；第四，选取的政策文本发文时间截至2021年7月15日。本文在对政策文本进行整理和筛选的基础上，最终梳理了中央层面有效政策样本183份，政策文本类型分布如表1所示。政策文本类型主要以各部委颁发的通知和意见为主，其中通知共有139份，数量最多。通知适用于转发上下级机关的公文，政策文本法律效力不高，执行政策缺少力度。法律由全国人大制定通过，适用面广泛，影响力大。目前，《中华人民共和国残疾人保障法》（2018年修正）第七章专门涉及无障碍，《中华人民共和国老年人权益保障法》（2018年修正）中第六十四条、第六十五条、第八十二条涉及无障碍内容，而《无障碍环境建设条例》则是专门针对无障碍的法规，对无障碍有较为系统的规定。

表1　中央层面政策文本类型统计

政策类型	法律	条例	办法	决定	纲要	意见	通知	共计
数量（份）	2	1	2	4	8	27	139	183

---

① "北大法宝"法律数据库：http://www.pkulaw.cn/。

四、政策主体合作网络结构分析

中央层面 183 份政策中有 68 份为多主体联合发布的政策，占比 37.2%。联合发文中，本文根据联合发文排名将第一署名单位看作合作网络中的"牵头单位"，将第二署名单位看作"协助单位"，将第三及以后的署名单位看作"配合单位"，当单位单独发布相关政策时，则作为"独立单位"。根据中央层面无障碍政策发文主体数据，作为独立单位发文量最多的为中国残联，单独发文 35 份，主要为团体规定。国务院在独立发文量排序中排名第 2，发文主要为国务院规范性文件。联合发文中，中国残联发文量最多，联合发文 32 份；其次为民政部，联合发文 29 份。政策主体作为牵头单位、协助单位、配合单位的发文情况如表 2 所示。

表 2　政策主体发文排序统计（排名前 10 位）

序号	独立发文	联合发文	牵头单位	协助单位	配合单位
1	中国残联	中国残联	住建部	民政部	中国残联
2	国务院	民政部	中国残联	国务院	民政部
3	全国残疾人康复办	住建部	中共中央	国家发改委	住建部
4	住建部	工信部	建设部*	中宣部	工信部
5	国务院办公厅	中宣部	交通运输部	工信部	国家卫健委
6	建设部*	教育部	中共中央办公厅	中国残联	国家市场监管总局
7	全国人民代表大会	国家发改委	民政部	国务院办公厅	教育部
8	民政部	国务院	工信部	教育部	公安部
9	工信部	交通运输部	国家市场监管总局	中国肢残人协会	中华全国总工会
10	司法部	公安部	中宣部	公安部	财政部

注：* 指 2008 年 3 月 15 日第十一届全国人民代表大会第一次会议通过《第十一届全国人民代表大会第一次会议关于国务院机构改革方案的决定》，决定组建住房和城乡建设部，不再保留建设部。

如表 2 所示，合作网络中，以牵头单位地位联合发文的政策主体数量为 17 个，并以住建部、中国残联为主，牵头发文数量远高于其他政策主体合作。网络中以协助单位地位联合发文的政策主体数量为 19 个，民政部以署名第二的身份协助牵头主体联合发文 15 份政策位列协助主体第一。合作网络中"配合单位"较多，包含 33 个政策主体，数量上大于"牵头单位"与"协助单位"。

本文将多主体联合发布政策视为政策主体间的合作关系，根据主体间的合作关系，通过绘制政策主体合作网络图，可以直观、形象地呈现主体间的合作情况，具体如图 1 所示。在合作网络图中，节点表示一个个政策主体，为使图形整洁美观，我们采用数值标签的方式代表无障碍政策主体，节点的大小表示节点所代表的主体与其他主体联合发文的数量的大小，节点越大，说明该主体与其他主体联合发文数量越多。节点之间的连线表示主体联合发文情况，与某个节点相连的线条越多，说明该主体的合作广度越大。线条的粗细表示相连的两个主体联合发文数量的多少，线条越粗，表示两个主体联合发文数量越多，合作强度越大。如图 1 所示，节点 9 代表的中国残联、节点 2 代表的民政部、节点 3 代表的住建部、节点 8 代表的全国老龄委、节点 4 代表的工信部，不仅节点较大，与相关主体合作广泛，而且这几个节点之间连线明显较粗，说明这几个政策主体联合发文数量较多，合作密切。

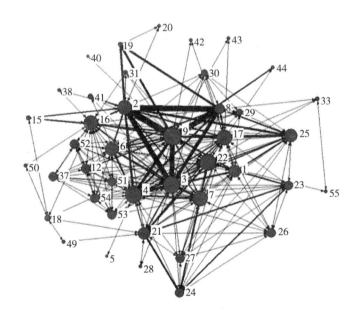

图 1　无障碍政策主体合作网络

从节点中心性值分析，9 号代表的中国残联无论是度中心性值还是接近中心性值、中介中心性值均为政策主体合作网络中最大值，处于网络绝对核心的位置（见表 3）。中心性指标排名呈现出一定的相似性，住建部、工信部、公安部中心性各指标值排名均位于前列，在网络中处于中心地位。

表 3　政策主体中心性统计（排名前 10）

序号	度中心性	接近中心性	中介中心性
1	9（50.00）	9（7.01）	9（9.90）
2	3（48.15）	3（7.00）	22（6.59）
3	22（46.30）	22（7.00）	16（5.95）
4	4（44.44）	4（6.98）	2（5.88）
5	7（40.74）	7（6.97）	17（5.31）
6	17（40.74）	17（6.97）	4（4.56）
7	16（38.89）	16（6.96）	3（4.27）
8	2（37.04）	2（6.95）	21（3.88）
9	6（35.19）	6（6.93）	7（1.39）
10	25（33.33）	25（6.93）	8（1.14）

此外，本文结合核心—边缘数据分析，把核心度大于 0.2 的节点归为核心区，将核心度在 0.08～0.2 的政策主体归为半边缘区，将核心度小于 0.08 的归为边缘区。因此，9、2、3、8、4 分别代表的中国残联、民政部、住房和城乡建设部、全国老龄工作委员会、工信部位于网络核心位置，22、17、25、7、16、1、21、24、19、23 分别代表的公安部、中宣部、发改委、国家市场监督总局、教育部、财政部等主体处于网络半边缘位置，其余节点处于网络边缘位置，处于核心位置的节点较少，处于边缘位置的节点较多，无障碍政策主体合作网络存在核心—边缘结构。

综合以上数据分析可知，中国残联在合作网络中扮演了极为重要的角色，在合作网络中处于核心位置，与住建部、民政部、老龄委、工信部合作关系密切。它既作为牵头单位联合发文，同时也作为协助单位、配合单位联合发文，在无障碍政策主体中是极为活跃、极其具有影响力的主体。住房和城乡建设部多以牵头单位的身份与相关主体联合发文，而教育部、公安部等部门主要是协助和配合。一部分主体在政策中承担"独立主体"角色，但同时也作为其他三个角色存在，这类主体在政策网络中独立性与合作性共存，是网络中的"综合性主体"，这类主体以中国残联、民政部等主体为主。然而另一部分主体则只作为"唯一主体"存在，这类主体一部分以全国人大、国务院、国办厅这类行政级别较高的机构为主。不同政策主体因其性质不同，在政策网络中处于不同的地位，扮演不同的角色。

五、无障碍政策优化综合对策建议

加强无障碍法治建设是促进无障碍环境建设和保障残疾人无障碍权利最为有效的方法和途径，政策体系建设是无障碍法治建设中的重要内容，健全无障碍政策体系，加强政策贯彻落实，有利于促进无障碍环境建设水平的提升以及全社会无障碍环境建设氛围的不断增强。

1. 转变立法理念

法律法规是自上而下地规范和引导社会公众意识的基础，而立法理念贯穿于整部法律之中，转变立法理念是完善无障碍政策体系的首要任务。

首先，应明确无障碍环境的适用对象不仅仅限于残疾人，而是全体社会公众。无障碍环境是为所有社会成员服务的平等、便捷的优质生活环境，要大力提倡通用设计理念，促使全社会所有群体都来关心、理解和支持无障碍环境建设。

其次，应该明确残疾人具有平等参与社会的权利，确定无障碍法规制定是为了保证残疾人平等享有社会权利。要在无障碍环境建设立法中确立平等理念，以平等理念作为无障碍立法工作的指导，以保障残疾人获得与健全人同等的生活和工作权利为目标，改变对残疾人"同情"和"救助"的浅层观念。

2. 提高立法效力

首先，将《无障碍环境建设条例》升级为《无障碍环境建设法》。中国参加的有关国际公约，以及制定的人权行动纲领和国内的政策、法规，已显示出制定无障碍单行法律的条件已然具备，可以考虑升级为单行法律，从高位阶单行法律对无障碍权进行规范与确认。美国、德国在此方面的立法实践与经验，可以为我们提供较好的参考与借鉴。

其次，将无障碍环境建设纳入国家整体法治化建设轨道，采取"嵌入式"

立法方式，推进无障碍法规逐步完善。建议采用"嵌入式"模式完善无障碍环境建设立法，在《条例》基础上，尽快对《建筑法》《建设工程质量管理条例》等现行法规进行"嵌入式"修订，明确无障碍建设的规范标准和要求，并确立违反规范的惩罚机制。同时，注意各相关法律之间相互衔接，确保无障碍建设与城乡建设同步规划、同步设计、同步建设、同步验收、同步管理，减少不必要的修整改造，确保将无障碍环境建设落实到社会生产生活的各个环节。

3. 强化执行效果

以法律的形式将残疾人无障碍权利确认下来仅仅完成了权利保护的第一步，为推进法律权利向实有权利转变，必须严格按照法律职权与程序，实施法律活动，这就需要强化无障碍法规的可操作性。因此，无障碍法规应明确规定各行政机关的执法范围，安排具体的可操作的实施机制，避免因边界权力和职责模糊造成行政冲突，进而明确政府相关职能部门职责，保证无障碍环境的设计、审批、验收检查及监督管理的强制执行。此外，无障碍法规应该对侵害残疾人无障碍权利的相关责任构成进行规定。

实施细则等处于较低层次的政策法规对权利的实现有着重要作用。对残疾人无障碍权益的保障不应仅仅局限于残疾人保障法、无障碍环境建设条例中，更应通过具体实施细则以及各部门和各级地方行政法规等一整套法律体系来明确无障碍建设主体、监管主体及法律责任，确保政策法规的可操作性，让不同位阶、同位阶政策法规责任方向一致。

应加强《无障碍环境建设条例》和无障碍环境技术标准的相互衔接，形成合力，以便相互促进，相互推动，为无障碍环境的构建提供法律和技术标准上的双重支持，做到既为无障碍设计提供相应的标准支持和法律约束，又为司法实践提供相应的尺度参考。同时，要根据科技发展和实践过程中的情况，对相关法规和技术标准进行修改和完善。

4. 完善保障措施

为了保障无障碍权利必须完善司法救济程序，无障碍法规不仅应将无障碍权的保障纳入人民法院的受案范围，而且也应赋予残疾人组织相应的诉讼地位，确保残疾人诉讼权的有效行使。与此同时，应当完善相关的诉讼制度，如行政诉讼之起诉期限制度，延长残疾人保护无障碍权的起诉期限，对无障碍权予以特殊保护。此外，还应尽快制定无障碍环境建设监察和评估机制，来协调政府各职能部门全面推进无障碍环境建设，保证无障碍环境建设的法律、法规及标准的贯彻实施。

无障碍环境建设涉及主体类型众多，需要规划、建设、交通、教育、通信等多个相关部门协同完成，但从目前联合发文情况来看，联合发文占比不高，相关部门协同有待加强。残联在合作网络中处于核心位置，与住建部、民政部、老龄委、工信部等单位合作密切，对于推进无障碍环境系统化建设发挥了积极的沟通协调作用。无障碍政策合作网络呈现核心—边缘结构，核心单位要进一步发挥核心功能和作用，要充分发挥残联系统组织的核心作用，转变残联等残疾人组织的性质定位，赋予其对相关部门执行无障碍权益保障等法律法规的监督职能。要进一步加大核心单位辐射和影响作用，扩大网络规模，加强网络主体合作，从而形成协同共建无障碍环境建设的强大合力，不断提升无障碍环境建设水平，促进社会文明进步和发展。

［基金项目］本文系 2020 年江苏省共享发展研究基地开放项目"基于政策计量分析的无障碍政策优化研究"（编号：20gxjd06）的阶段性成果之一。

［课题组成员］曾红艳、刘忆晨。

参考文献

［1］厉才茂. 无障碍概念辨析［J］. 残疾人研究，2019，12（4）：64-72.

［2］李东晓，熊梦琪. 新中国信息无障碍 70 年：理念、实践与变迁［J］. 浙江学刊，2019（5）：14-23.

［3］宫晓东，高桥仪平. 日本无障碍环境建设理念及推进机制分析［J］. 北京理工大学学报（社会科学版），2018，20（2）：168-172.

［4］许巧仙. 破解无障碍环境建设困境：以社会治理理论为视角［J］. 河海大学学报（哲学社会科学版），2015，17（6）：43-48+98.

［5］贾巍杨，王小荣. 中美日无障碍设计法规发展比较研究［J］. 现代城市研究，2014（4）：116-120.

［6］张东旺. 中国无障碍环境建设现状、问题及发展对策［J］. 河北学刊，2014，34（1）：122-125.

［7］孙祯祥，赵洋．澳大利亚信息无障碍法规政策研究［J］．图书与情报，2010（3）：114-117+123.

［8］章品，赵媛．美国信息无障碍法律法规研究［J］．情报理论与实践，2010，33（5）：116-119.

［9］成斌，赵祥．近20年国际无障碍环境建设法制进程综述［J］．建筑科学，2008（3）：88+157-159.

［10］潘海啸，熊锦云，刘冰．无障碍环境建设整体理念发展趋势分析［J］．城市规划学刊，2007（2）：42-46.

［11］赵媛，张欢，王远均，章品．我国信息无障碍建设法律法规保障体系研究［J］．图书馆论坛，2011，31（6）：266-274.

加快培育江苏省无障碍
战略性新兴产业的政策建议

曾红艳*

内容摘要： 无障碍战略性新兴产业对我国发展残疾人事业，应对人口老龄化挑战，形成强大的国内消费市场具有重要意义。随着无障碍上升为国家战略目标，无障碍产业迎来了新一轮发展契机，前期产业发展存在的政府重视程度不足，政策落地不足，产业发展缺乏规划，仅靠企业情怀等问题将得到有效解决。在相关调查研究的基础上，为培育江苏省无障碍战略性新兴产业，本文建议：第一，着眼整体规划，将无障碍战略性新兴产业纳入"十四五"及中长期发展规划，立足自身优势加强顶层设计。具体来说，应重点围绕三方面进行顶层设计：一是注重对市场主体的培育，尊重市场规律，发挥各类市场主体积极性和创造力；二是推进供给侧结构性改革，丰富无障碍产品和服务供给，实现品质化、精细化、便利化发展，满足有效需求；三是统筹空间布局，充分发挥各地比较优势，做强做大优势产业。第二，实施多层次定向政策，重点完善技术支持、需求培育、人才队伍建设、企业金融服务等组合支持政策。第三，营造市场环境，健全法规政策和标准质量规范体系，倒逼产业升级。第四，完善外部环境，加强无障碍环境建设及无障碍意识培养。

关键词： 无障碍；战略性新兴产业；产业培育

---

* 曾红艳，女，博士，南京特殊教育师范学院讲师，研究方向为无障碍产业、政治经济学。

引　言

当前，无障碍产业作为战略性新兴产业，具有广阔的市场需求前景。我国有超过 3 亿人需要"无障碍"，包括残障人士、老龄人口、孕妇和伤病人员等群体。截至 2015 年，我国残疾人总数为 8715 万，占总人口比重为 6.37%，其中，肢体残疾人数约为 2477 万，听力残疾人数约为 2139 万，言语残疾人数约为 131 万，视力残疾人数约为 1303 万，综合残疾人约为 1434 万。① 从国际对比看，我国是世界上残疾人数占总人口比例最多的国家之一，平均每 6 个家庭就有 1 个残疾人。同时，我国面临人口老龄化加速发展的趋势，逐渐向深度老龄社会转型，老龄化所孕育出的消费市场将持续释放。据世界银行预计，2050 年我国 65 岁及以上老年人占总人口比例将会达到 26%，成为世界上老龄化最严重的国家之一。江苏省有 504 万残疾人口，涉及全省 1/5 的家庭，占全国比重为 5.78%。同时，江苏是全国人口老龄化程度较高的省份，已进入深度老龄化社会。② 未来，我国无障碍产业市场规模可达 10 万亿元，无障碍产业开发的时机已成熟。

所谓无障碍产业，是以残疾人、老年人、伤病员、孕妇等有障碍群体为服务对象，为实现有障碍人群从家庭、社区到公共场所、交通出行以及信息技术全方位、全系统的无障碍所从事的商品和服务的生产、流通的产业部门。从无障碍所要实现的信息无障碍、出行无障碍、建筑无障碍、社区无障碍的内涵来看，无障碍产业重点可以分为四个领域，即无障碍信息技术、无障碍辅具、无障碍工程及无障碍服务产业，涵盖智能穿戴、康复辅具、智能看护机器人、智能导盲系统、无障碍软件、出行设备、无障碍旅游、无障碍电影等产品与服务的完整产业链条。

随着无障碍上升为国家战略目标，无障碍产业迎来了新一轮发展契机。前期产业发展存在的政府重视程度不足，政策落地不足，产业发展缺乏规划，仅靠企业情怀等问题将得到有效解决。移动互联网、大数据和人工智能等技术的发展给无障碍产业带来了新的机遇，这些技术将用数字化、个性化、智能化手段助力无

---

① 根据第二次全国残疾人抽样调查数据估算。

② 按照联合国确定的标准"65 岁及以上老年人口比例达 14% 或 60 岁及以上达 20%"，无论是从户籍老年人口比例还是从常住老年人口比例来看，江苏省已经进入深度老龄化社会。

障碍产业转化带动产业升级。

培育发展无障碍战略性新兴产业，使其成为经济发展新的增长点，能实现社会效益和经济效益的最大化。这不仅有助于增进残障群体福祉，降低家庭负担，而且有助于商品和服务供给，激发内需潜力，形成以国内大循环为主体、国内国际双循环相互促进的新发展格局。

一、江苏省无障碍战略性新兴产业发展现状

本文课题组通过访谈 10 家企业管理层和研发人员，其中江苏省 5 家，分别涉及康复机器人领域（1 家）、无障碍旅游领域（2 家）、无障碍辅具领域（1 家）和无障碍信息技术领域（1 家），以及广州、深圳、北京等地 5 家无障碍科技、教育和社会公益企业，同时对残障群体进行了深入访谈，综合查阅文献得到本报告，主要结论如下：

（一）从市场主体来看，中小微型民营企业占绝大多数，其中不少是新创企业，资金实力较小

本文课题组在江苏调研的 5 家企业，均为中小微型民营企业，这与在其他地区调研的情况类似。同时，5 家企业中有 4 家在各自领域都是新创企业（或新创子企业），均在近三年成立，其中，3 家企业年营业收入小于 500 万元，1 家企业年营业收入小于 50 万元，1 家企业产品还处在研发审批阶段，未获得销售收入。

同时，本文通过对天眼查企业数据库中相关数据进行整理统计发现，江苏省内主要智能康复机器人研发企业有 40 家，近三年设立的企业有 14 家，占比35%，近五年设立的企业有 23 家，占比超过一半（见表1）。

表1　江苏省内主要智能康复机器人研发企业成立时间统计

设立时间范围	数量（家）	占比（%）
2017~2020 年	14	35
2015~2020 年	23	58

资料来源：作者根据天眼查企业数据库整理所得。

新创企业占比较高与产业大背景有关，无障碍既是创新领域，也是创业领域，数字化时代快速发展以来涌现出许多无障碍新兴产业，如康复机器人、导盲机器人等。与此同时，江苏省具有竞争比较优势的传统器械行业企业、工业自动化行业企业等也在这一领域逐渐发力。

（二）从产品供给来看，产业化程度不高，中高端市场竞争力较弱，有效供给不足，功能品种不丰富

一是产业化程度不高。本文课题组调研的 10 家企业，主要产品处于研发期和产业化初期的企业占比达到一半。在江苏的 5 家企业中，处于研发期和产业化初期的企业有 3 家，尤其在康复机器人、智能辅具等软件和硬件结合领域，具有前期研发投入大，研发时间长，后期产品售价较高的特点，商业化有一定难度。另外，在无障碍旅游等轻资产的服务领域，产业化程度亦不高，开发残障人士旅游的频次有限。

二是许多已经商业化的产品，存在中端市场占有率不高，高端市场竞争力较弱的情况。例如，在肢体残疾个人辅具市场，国内辅具企业规模较小，仍以加工中低端产品为主，能够规模化生产的电动轮椅、代步车等中高端产品 70% 以上为代工产品，中高端假肢、矫形器等产品主要依赖进口。但从趋势来看，在数字化时代，国产品牌在中高端市场有突破趋势，产品逐渐具有性价比优势，供给质量在提升。以助听器这一辅具为例，传统助听器行业由国际巨头垄断，国产品牌不断依托助听技术创新、新兴技术运用、移动互联网业生态利用等多种方式在中高端市场取得突破。

三是无障碍产品和服务有效供给不足，功能品种不丰富。一方面，产品供给不足。以肢体残疾个人辅具市场和视障产品市场为例，产品供给存在数量较少、适切性有待提高的问题。又如，与无障碍密切相关的适老化产品，有调查数据显示，目前全球适老用品有 6 万多种，我国自主开发的适老用品仅有 2000 多种，供给严重不足。本文课题组在对残障群体进行访谈时发现，对于有支付能力的消费者而言，他们在国内市场很难找到适合的无障碍浴缸，需要从欧洲进口。另一方面，服务供给也不足。以辅具为例，辅具之于残障群体并非快速消费品，辅具一般会长期使用，因而仅仅提供产品是不够的，纵向的产品服务如量身配置、使用培训、后期维护更新等都很重要。肢体残障人士在购买个人移动辅助器具时，

往往缺乏专业的个人辅助器具适配服务，服务专业化水平有待提升：一是从我国普遍情况来看，辅助器具服务机构普遍设置在大城市，农村地区和中小城市的残疾人无法就近获得专业的辅助器具服务，而我国残障人士大多生活在农村[①]；二是大多数服务机构的辅助器具管理和技术人员并不专业。

同样，江苏省进入深度老龄化社会已成为现实，许多老年人随着身体机能的衰退面临各种疾患的困扰，康复治疗和上门健康服务的供给与需求之间仍存在不小的差距。其中，失能、半失能老年人占比很高，《第四次中国城乡老年人生活状况抽样调查》数据显示，2016 年，我国有失能、半失能老年人 4063 万，占老年人口的 18.3%。这部分失能、失智、半失能老人的护理市场同样存在供给远不能满足需求的矛盾。目前全省从事失能老人护理的工作人员有 4.5 万，与 40 多万护理员的需求存在巨大缺口。[②] 2019 年开始的"互联网+护理服务"项目在江苏试点，为失能与半失能病人提供便利护理服务，但许多护理人员所担心的安全保障问题亟待解决。

（三）从技术体系和创新意识来看，企业管理层具有企业家精神，自主创新意识较强，创新较多集中在技术应用层面

一是多数企业管理层年轻、自信，具有企业家精神，愿意深耕无障碍领域。本文所调研的 10 家企业，"85 后"管理层和主要研发人员占比很高，其中 2 家初创企业属于"85 后"残障人士创业企业。在科技型企业里边，主要研发团队都具有较高学历，参与本文江苏企业调研的康复机器人研发人员普遍具有硕士研究生学历，残障人士创业者具有国际留学背景。

二是拥有专利技术的企业占比较高，自主创新意识较强。本文课题组在江苏调研的 5 家企业都拥有知识产权，小部分企业技术和全国同行业相比已经达到了第一梯队。

三是创新较多集中在技术应用层面。从康复机器人产业调研情况来看，工业企业进入康复机器领域之后，能够将自身在工业上积累的技术优势应用于制造康

---

① 我国农村残疾人口占全国残疾总人口的比例为 75.04%。数据来自中国政府网《中国发布第二次全国残疾人抽样调查主要数据公报》。

② 参见人民网发布的《江苏老年人口已占 23.04%，专业护理人员短缺》。

复机器人，但在人机交互、人体肌电信号识别等影响未来康复机器人发展的基础研究上投入不足，企业创新能力不足。

（四）从产业规模和布局来看，产业规模较小，尚未形成优势产业集群

从行业结构布局来看，江苏省在物联网、工业自动化产业上具有产业优势，但是在面向障碍群体的消费端没有明显优势，全省尚未形成优势产业集群，缺少领军企业。同时，江苏省在无障碍软件、智能辅助、导盲机器人、远程服务等无障碍信息技术领域布局较少，产业整体规模较小。尤其是在传统无障碍辅具产业数字化时代的转型升级上，江苏企业并没有充分地利用好这一机会。

从空间布局来看，无障碍产业科技创新企业主要集中在苏南、苏中地区。常州市在 2017 年被确定为 12 个国家康复辅助器具产业综合创新试点地区之一，而根据天眼查企业数据库，江苏省内主要智能康复机器人产业研发企业有 40 家（不包括科研院所），从其空间分布来看，主要集中在以苏州、南京为主的苏南、苏中地区，苏北地区分布较少（见图 1）。

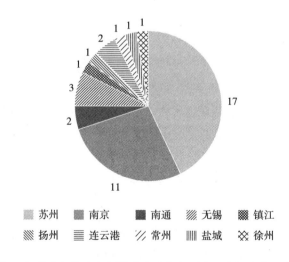

图 1　江苏省智能康复机器人产业创新型企业空间分布示意图

二、江苏省无障碍战略性新兴产业发展的制约因素

江苏省具有产业比较优势，但是还存在无障碍市场发展潜力与无障碍产业市场化程度不高的主要矛盾，具体存在以下制约因素：

（一）无障碍产业政策相对缺乏

一是针对无障碍产业的整体中长期规划比较缺乏。近年来，江苏省出台多项政策要求加强无障碍设施、养老服务设施建设和管理，同时在辅助器具产业、养老服务发展、智能家居、智慧城市等建设上出台了许多政策和实施意见，但是，尚未基于整个无障碍产业培育视角考虑构建中长期的整体规划。政府在梳理、创造无障碍产业发展的环境上扮演着重要角色，需要更有魄力的举措，从而培育创新技术和学术基础。深圳培育无障碍产业的经验值得借鉴。2019 年，深圳市政府制定了《深圳市无障碍城市总体规划（2020—2035 年）》，特别强调包括无障碍信息化和智能化产业政策、无障碍辅具产业政策等的升级，以期到 2030 年形成无障碍全产业链。

二是在无障碍产业研发创新上技术指导和资金支持不足。以应用人工智能技术的康复机器人产业为例，其涉及软件和硬件结合，要真正实现商业化达到好用，需要技术突破和长期投入。本文课题组调研的江苏省一家康复机器人企业管理层表示，目前企业在康复机器人产业上还未获得专项政策支持。

（二）专业人才瓶颈制约

一是市场专业人才供给不足。产业的发展离不开人才支撑。无障碍辅具、无障碍信息技术、无障碍工程及无障碍旅游产业的发展都面临专业人才供给不足的问题。江苏省没有专门培养无障碍领域人才的专业。无障碍涉及多学科，以无障碍设计技术为例，需要了解建筑、计算机、人体工程学、心理学等多个学科，跨度很大，对人才队伍培养提出了高要求。然而相对专业要求不那么高的残疾人照

护、老年人照护、无障碍旅游等专业，也面临人才供给不足的困难，则是结构性的原因。年轻人不愿选择这一职业，是因为从业发展空间不大，薪酬和满意度较低。中年人从事这一行业又存在专业性不足、难以有效满足市场需求的困难。

二是人才蓄留能力不足。进入无障碍领域的年轻人，也往往因为待遇不高而离开，出现人才蓄留不足的困难，企业面临人才成本约束。在本文调研的10家企业中，有7家企业认为，人才蓄留能力不足是当前无障碍产业发展存在的最大问题；超过一半的企业认为，人力资本、研发成本、营销成本是最大的经营成本。

三是企业培养人才有自身担忧。在产业所需高层次创新技术人才培养方面，中小企业对于内部培养年轻人有自身担忧，它们往往更倾向于从外部高价引进经济效益立竿见影的高端技术人才，不愿意长期投入从企业内部培养年轻员工。在国际形势日益复杂的环境下，创新技术人才培养越发成为整个产业发展的制约因素。

（三）无障碍环境建设碎片化问题

无障碍环境是无障碍产业发展的外部环境。近年来，江苏省无障碍环境建设取得了巨大成绩，政府在不断地批量投入人、财、物建设残疾人无障碍生活设施，但实际效果并非特别理想，仍存在一些亟待破解的难题，比较突出的一点是无障碍环境建设碎片化的问题，尤其是在三四线城市和农村地区，尚未形成由点到线、由线到面的系统化融合连续的无障碍环境，难以实现真正的无障碍出行。

无障碍环境建设碎片化问题具体表现为：第一，无障碍生活设施的种类相对比较单一，如对视障群体受益明显的音响信号、声响标志及导盲设备等均相对不足。第二，无障碍设施普及程度不高，对于听力和言语残疾人的无障碍设施种类较少，如同步传声助听设备、提示报警灯、远程视频手语翻译服务等普及程度不高，在就业、教学等日常场景未能实现大范围覆盖。中消协发布的《2017年百城无障碍设施调查体验报告》显示，从全国七大区域数据对比来看，不管是实地体验数据，还是大众感知数据，包括江苏省在内的华东区普及率都相对较低，分别为41.3%、38.9%，不到一半。第三，无障碍设施设计不够规范，导致难以满足实际需求。第四，部分居民住宅与社区、公共交通和过街通道在无障碍建设方面存在薄弱环节，区域性无障碍发展亟待进一步加强。第五，在信息无障碍环境建设方面也存在不小差距。根据中国互联网协会 2019 年发布的《全国各省（市、区）政府信息无障碍建设情况报告》，在全国省级政府门户网站无障碍服务能力指数排名中，江苏省列第 15 名，综合指数 68.82，与第一名北京市综合指数得分 89.92 存在较大差距；在各省（直辖市、自治区）县、区以上政府门户网站无障碍客户端建设排名中，江苏省列第 10 位，在 114 个客户端无障碍建设中数量为 35 个，占比 30.70%，与第一名上海市 100% 建设比存在较大差距。[①]

（四）标准质量体系建设滞后于经济发展水平

无障碍产业的发展在很大程度上需要丰硕的标准化成果。从国际经验看，日本非常注重通过完善无障碍设计标准培育无障碍设计产业。2006 年，日本政府颁布了法规实施建筑与交通设计标准的硬性规定；在国家法规基础上，日本 47 个都道府县制定了更加详细的地方福祉设计规范条例。同年，日本开始实施无障碍新法，从倡导系统化和整体化角度考虑无障碍设计，解决"各自为政"的问题。这些较为完善的无障碍设计法规的强制性约束，推进了整个设计和设施产业的发展。以安装方便残障人士进出的自动门标准为例，这一标准的实施可以带动自动门产业整个产业链的发展。

在信息无障碍标准方面，欧盟经验也值得借鉴。2020 年底欧洲预计残障人口达到 1.2 亿，对于无障碍产品和服务的需求越发紧迫。欧盟于 2019 年推行《欧洲无障碍法案》，规定了强制性的标准，以法案的形式对企业、供应商制定了无障碍化的相关义务，针对的产品领域覆盖电脑（硬件和软件）、自助终端、银行服务、电子书、电子商务、运输部门的数字接口等方面，将带来 200 亿欧元的消费增长，为区域经济的提升带来显著的效益。

无障碍标准的落实落地，少不了制度规范的保障。"十二五"时期，我国确立了加快推进城乡无障碍环境建设的目标，2012 年国务院颁布实施《无障碍环境建设条例》（以下简称《条例》），无障碍环境建设的系统性和规范性明显增强。"十三五"时期，我国明确了全面推进无障碍环境建设的主要任务，并进一步提出贯彻落实《条例》，完善无障碍环境建设政策和标准、开展无障碍环境市县村镇创建、加快推进公共服务机构无障碍设施改造等一系列措施，无障碍建设

---

① 参见新华网发布的《全国各省（市、区）政务信息无障碍建设情况报告》。

不断深入。

但当前无障碍环境建设发展仍有需要改进之处。作为行政法规的《条例》，其中的规定比较宏观和抽象，缺乏系统的、具体的实施细则。同时，《条例》和无障碍技术标准的具体实施面临一些现实困难，《条例》中框架性、原则性的规定缺乏相应的执行标准，而具体的、可操作性的无障碍环境技术标准也缺乏法律的强有力支持。以致行政部门责任不明，执行不力，缺乏有效的监管机制，违法以及追责的标准不明确，执法强度不高。尽管《条例》实施了八年，近年来我国各部门、各地也相继出台了一系列配套法规和规章（江苏省目前仍未有省级层面的专门针对无障碍环境建设的法规出台，对结合本地实际推进无障碍环境建设不利），但其中大多的条款是鼓励性、倡导性的，并不具有强制的约束力，同时缺乏有效的惩处措施，实际效果大打折扣。

另外，在无障碍产业的标准质量体系的建设方面，目前我国标准滞后于经济社会发展水平。一是缺乏完善系统的质量标准体系，由此导致市场标准不统一，不规范成为制约产业发展的短板。以与无障碍相关的老年用品为例，目前这一行业标准大多集中于医疗器械领域，且只是在相关行业标准里提出要考虑老年人需求。二是标准多为非强制性的推荐性标准，执行情况并不乐观，产品和服务供给质量参差不齐，难以满足大多数人的需求。

三、加快培育江苏无障碍战略性新兴产业的对策建议

为充分发挥政策的支持和引导作用，以期推动产业全面发展，形成布局合理、门类齐备、产品丰富的产业格局，在产业规划、政策激励、标准引导以及政策落地上，本文提出以下对策建议：

（一）着眼整体规划，将无障碍战略性新兴产业纳入"十四五"及中长期发展规划，立足自身优势加强顶层设计

在无障碍战略性新兴产业的整体规划上，应重点围绕以下三个方面进行顶层

设计：

一是注重对市场主体的培育，尊重市场规律，发挥各类市场主体积极性和创造力，引导相关产业做大做强。依托江苏省在物联网产业的集聚优势，以及智慧健康养老、智能家居、智慧交通等创新基地，打造无障碍产业先行示范区项目和生产基地，加大对无障碍产品和服务重点企业的扶持力度，实施无障碍产业品牌战略。对于创新型、创业型和劳动密集型中小微企业，可通过鼓励政策促使其专注于细分市场发展。应组建产业联盟或产业联合体。在可以引入公共资本的领域，要充分发挥社会资本的力量，拓宽资金来源，"花小钱办大事"。应创新政府和社会资本合作模式，如采取"项目组合""开发性的政社合作（PPP）"模式，解决公共服务供给效率低、公共领域私人资本进入难等问题。积极鼓励社会性公益组织参与无障碍服务供给。

二是推进供给侧结构性改革，丰富无障碍产品和服务供给，实现品质化、精细化、便利化发展，满足有效需求。将考虑残疾人等弱势群体的需求纳入所有政策领域，如纳入智慧城市建设、老旧小区改造政策中，在制定人工智能物联网的信息无障碍标准时，对产品设计、硬软件结合进行通用性规范。重点支持健康养老、信息化、智能化、创意设计、教育等领域产品和服务的供给，创新无障碍产品和服务的供给模式。同时，还需健全市场监管机制、促进标准落地和提升约束力，制定强制性标准倒逼供给侧结构性改革和产业升级，提升产品和服务质量，形成统一开放、竞争有序的市场环境。

三是统筹空间布局，充分发挥各地比较优势，做强做大优势产业。对于苏州、南京等创新资源较为集中的城市，可重点发展无障碍信息技术等产业。对于常州市，可重点发展无障碍辅具产业，特别注重智能化、高端化升级。对于无障碍工程产业，可充分发挥徐州等苏北地区的产业优势。对于无障碍服务产业，如看护、旅游陪护等，可充分发挥农村地区人力资源成本较低的优势，加强培训投入、提高专业水平。

（二）实施多层次定向政策，重点完善技术支持、需求培育、人才队伍建设、企业金融服务等组合支持政策

一是完善研发创新和技术支持措施，增加财政投入。应大力促进无障碍设计制造、无障碍信息技术在物联网、辅助设备、智能终端设备及应用软件（包括通

信系统、语言导航、导盲系统等）上的开发与应用，突破在材料、核心零部件、检测、软件、数据等关键技术环节的创新发展。对设立的关键领域、核心环节生产研发企业，符合条件的可参照国家高新技术企业所得税政策给予三年奖励。同时，可通过设立无障碍产业发展专项基金、无障碍设计创客空间，将无障碍产业纳入相关财政以及新兴产业投资支持范围；加强产学研紧密结合，鼓励企业主体、科研院校等开展无障碍技术研究，加大对无障碍研发成果转化的资助力度，完善商业转化机制；建立包含专家学者在内的技术咨询服务平台等。为鼓励企业开展研发，对研发费用连续大幅增长的企业，给予增长额一定比例的奖励。

二是完善需求培育措施，培育消费习惯。要加大对创新产品研制企业和用户方的双向支持，更加注重对产品消费端的补贴，健全以经济社会效益结果为导向的产业科技创新评价体系。对有条件的地方，可通过将基本的康复产品和服务逐步纳入基本医疗保险支付范围。对城乡贫困残障群体，可发放无障碍产品购置券。同时支持探索创新保险制度，缓解财政约束。应制定完善的辅助器具资助制度。将符合无障碍标准、能切实帮助残障人士的智能硬件纳入残疾人辅助器具名录。建设残疾人数据标准和交互标准，推动残疾人大数据物联网建设，让智能硬件厂商可以基于标准开发产品。

三是加强人才队伍建设，培养无障碍专业人才。其一是支持本省高等院校开设无障碍设计、建筑、信息技术、管理、教育、服务专业本科和研究生课程，在计算机、软件工程专业开发课程中增加无障碍开发内容，在工业设计专业增加通用设计课程支持企业、院校合作建立实用型人才培养基地，切实提高无障碍产业人才的专业化水平。其二是对于高层次创新技术人才，应通过有效措施缓解中小企业后顾之忧，注重年轻人才培养，使年轻人从前期项目研发开始参与历练获得更多成长。可通过企业同社会资本或各类院校合作成立高层次专业人才、技能人才培训基地（或培训项目）等。其三是加强培训、行业职业技能认证和职业管理，完善从业人员职业分类，建立评价类职业资格制度，为从业者提供更加"硬核"的技能支撑。例如，完善照护人员、言语康复治疗师的职业培训和职业管理。

四是强化企业金融服务。培育壮大创业投资和资本市场，发展中小企业资本市场、债券市场，发展知识产权质押融资和专利保险，开展股权众筹融资等试点，通过新兴产业创业投资引导基金、中小企业发展基金等吸引社会资本协同发力，支持投资无障碍产业创新。

（三）营造市场环境，健全法规政策和标准质量规范，建立市场高标准规范，倒逼产业升级

一是健全相关法律法规。尽快出台具有本地特色，条框内容与国家无障碍环境建设相关法律法规规章衔接配套，更丰富、更具体的，具有实用性和细化可操作性的地方无障碍法规。调整好无障碍环境建设相关政策法规与民事、行政等法律之间的关系，做好"规"与"法"之间的衔接，真正提升无障碍环境建设相关政策法规的效能。简化注册登记流程，健全监管服务机制。

二是强化行业质量标准，提高标准的约束力，逐渐与国际接轨。加强知识产权保护，充分发挥标准对市场的规范作用。加快重点产品、管理、服务标准的制定修订，完善具体技术标准。鼓励相关机构和企业积极参与国际相关标准制定。

三是严格执行质量监管，完善监督机制。推行"无障碍标志制度"，培育一批无障碍产品质量检验、检测、认证机构。例如，建立由消费者、生产者代表以及专家学者组成的"无障碍标志认证委员会"，审核认证并公示质量达标的无障碍产品。支持行业组织完善自律惩戒机制，在行业标准制定、数据统计、信息披露、反不正当竞争等方面充分发挥作用。

（四）完善外部环境，加强无障碍环境建设及无障碍意识培养

一是加强无障碍环境建设。建立多部门协同工作的无障碍环境治理机制，明确政府在无障碍环境建设和维护方面的主体责任，提升无障碍环境治理能力。推进交通、信息、社区、建筑无障碍建设和改造。促进残疾证在全省地铁等公交系统中通用。

二是建立无障碍环境评估机制。参照国际先进无障碍环境评估标准，系统建立专业评审和包括特殊群体在内的社会评价和监督机制。同时，可在每个城市、县区建设一支常态化的无障碍环境监督体验队伍，吸收残疾人、老年人等志愿者，及时发现无障碍建设和管理中存在的问题，帮助主管部门有效管理。

三是加强无障碍意识培养。可通过举办无障碍意识宣传活动促进公众对无障碍环境的理解，强调无障碍不仅仅为特殊人士独享，从思想根源上消除对残障人

士的歧视，增强社会大众参与意识。

［基金项目］本文系 2020 年江苏省决策咨询研究基地项目"加快培育无障碍战略性新兴产业的政策建议"（立项号：20ssl050）的阶段性成果。

［课题组成员］杨会良、康丽、朱颂梅、徐梦。

参考文献

［1］中国政府网．无障碍环境建设条例［EB/OL］．［2020-08-15］．http：//www. gov. cn/flfg/2012-07/10/content_ 2179947. htm.

［2］宫晓东，高桥仪平．日本无障碍环境建设理念及推进机制分析［J］．北京理工大学学报（社会科学版），2018，20（2）：168-172.

［3］凌亢．中国残疾人事业发展报告（2019）［M］．北京：社会科学文献出版社，2019.

［4］中国雄安官网．全国各省（市、区）政务信息无障碍建设情况报告［EB/OL］．［2019-02-28］．http：//www. xiongan. gov. cn/2019-02/28/c_ 1210069806. htm.

第三篇　特殊教育高质量发展

面向现代化：江苏特殊教育
高质量发展的战略思考

杨克瑞*

内容摘要：特殊教育的现代化，是中国教育现代化的重要组成部分。改革开放以来，江苏特殊教育积极探索、勇于改革，从随班就读到融合教育，始终引领着全国特殊教育的发展潮流。积极吸收借鉴世界各国特殊教育发展的有益经验，江苏特殊教育更应坚持改革创新，积极落实党中央有关"办好特殊教育"的指导精神，科学构建与规划特殊教育的高质量发展战略，其战略体系应当包括：立德树人，积极构建特殊教育的终身教育体系；因材施教，强化特殊教育的个性化教育服务；医教结合，构建现代化综合教育服务体系；远程教育，重视特殊教育的信息技术提升；名师兴教，强化特教名师名校品质工程建设；群策群力，完善提升特殊教育治理的现代化。

关键词：特殊教育；教育现代化；高质量发展

一、问题提出

2019 年，中共中央、国务院印发了《中国教育现代化 2035》，提出了我国教育现代化发展的总体目标：总体实现教育现代化，迈入教育强国行列，推动我国成为学习大国、人力资源强国和人才强国，为到 21 世纪中叶建成富强民主文明

---

* 杨克瑞，男，博士，南京特殊教育师范学院教授。

和谐美丽的社会主义现代化强国奠定坚实基础。习近平总书记一直格外关心重视中国的残疾特殊困难群体，并提出，"2020年全面建成小康社会，残疾人一个也不能少"。无疑，中国教育的现代化，特殊教育的现代化正是其应有之义。教育部正式发布的有关数据显示："截至2019年底，全国特殊教育学校比2015年增长7%，达到2192所，基本实现30万人口以上的县特教学校全覆盖，在校生总数比2015年增长80%，达到79.5万人。今年，我国残疾儿童义务教育入学率已达95%以上。"①

江苏省教育厅朱卫国副厅长在报告中也曾提出："实现教育现代化应当包括并且应当优先实现特殊教育现代化。"② 这充分表明，加快特殊教育的现代化发展，正是破解中国教育高质量发展的瓶颈所在。因此，党的十九届五中全会通过的《中共中央关于制定国民经济和社会发展第十四个五年规划和二〇三五年远景目标的建议》中，明确了"建设高质量教育体系"的政策导向和重点要求，体现了党对教育事业的高度重视。

二、江苏特殊教育发展的基本成就与现实问题

江苏省是我国教育大省，更是教育强省，其特殊教育在全国长期处于领先地位。特别是改革开放以来，各级领导高度重视特殊教育事业的发展，2017年所颁布的《江苏省第二期特殊教育提升计划（2017—2020年）》，更是以高于国家同期目标的奋斗目标来严格要求，体现了江苏省领导的教育责任与担当。其在总体目标中明确提出："到2020年，全省各级各类特殊教育普及水平全面提高，残疾幼儿学前三年入园率达到80%以上，适龄残疾儿童少年义务教育入学率达到98%以上，残疾少年高中阶段入学率达到80%以上，基本普及残疾儿童少年15年教育，发展残疾人高等教育。融合教育全面实施，各学段在普通学校接受教育的残疾学生占该学段残疾学生总数的80%以上，基本形成以随班就读为主体的特

---

① 教育部."十三五"我国特殊教育在校生增长80%［EB/OL］.［2020-12-10］.http://www.moe.gov.cn/fbh/live/2020/52763/mtbd/202012/t20201210_504687.html.

② 朱卫国.优质全面发展江苏特殊教育［J］.现代特殊教育，2016（10）：6-10.

殊教育发展格局。"

在各级党委政府，特别是教育行政部门的积极领导支持下，江苏省特殊教育的发展提升目标，基本上顺利实现。江苏省残疾人联合会2019年的最新官网统计数据表明：2019年，全省29.7万名残疾儿童及持证残疾人得到基本康复服务，其中包括0~6岁残疾儿童1.9万人。得到康复服务的持证残疾人中，有视力残疾人2.5万名、听力残疾人1.0万名、言语残疾人117名、肢体残疾人13.3万名、智力残疾人2.6万名、精神残疾人7.6万名、多重残疾人0.8万名。此外，江苏省的特殊教育事业也获得了较快的发展：全省共有特殊教育普通高中班（部）4个，在校生604人，其中聋生566人、盲生22人、其他16人。残疾人中等职业学校（班）11个，在校生1468人，毕业生354人，毕业生中109人获得职业资格证书。有391名残疾人被普通高等院校录取，104名残疾人进入特殊教育学院学习。另有1990名残疾青壮年文盲接受了扫盲教育。①

在上级党委政府的坚强领导下，江苏特殊教育不忘初心、牢记使命，积极推动特殊教育的优质全面发展，从思想认识上进一步明确新时代特殊教育的内涵特征："融合教育"不仅是一种安置形式，同时也是一种重要的教育理念、教育策略。"融合教育资源中心"也不是一间教室，每一所学校、每一个角落、每一寸土地、每一位老师、每一位同学都是特殊儿童发展的教育资源。江苏省特殊教育的工作成就与工作经验，可以总结为以下几个方面：

首先，领导重视，政策支持保障有力。推动特殊教育事业的发展，这既是进一步贯彻落实党中央、国务院关于办好特殊教育的工作部署，更是以人民为中心的高度政治使命。为此，2017年10月31日，江苏省教育厅联合省残联并会同省编办、省财政厅、省人社厅等相关部门，在南京共同召开第二期特殊教育提升计划部署会议。江苏省教育厅副厅长朱卫国在会议上强调指出："发展特殊教育、办好特殊教育，这是党中央、国务院的明确要求，是促进教育公平、加快推进江苏省教育现代化水平的重要任务，是增进残疾人家庭福祉、加快残疾人小康进程的重大举措，具有特殊现实意义和深远历史意义。"② 江苏省残联副理事长杜晓镇也明确要求："各级残联要积极主动配合教育行政部门落实二期提升计划……

① 参见江苏省残疾人联合会官网发布的《2019年江苏省残疾人事业发展统计公报》。

② 江苏省教育厅官网.江苏省第二期特殊教育提升计划部署会在宁召开［EB/OL］.［2017-11-02］.http://jyt.jiangsu.gov.cn/art/2017/11/2/art_58358_7498500.html.

要做好扶残助学工作，不让残疾学生因贫失学。"①

其次，改革创新，积极推动特殊教育事业发展。2019 年，江苏出台了《关于加强普通学校融合教育资源中心建设的指导意见》。该文件最大的亮点，就是扩大了特殊教育对象，其"首次全面界定了普通学校中特殊教育的实施对象，从现行国家确定的三类拓展到视力残疾、听力残疾、言语残疾、智力残疾、肢体残疾（含脑瘫）、精神残疾（含孤独症）以及学习障碍、情绪行为障碍等九类有特殊教育需求的儿童少年"。② 此外，围绕加强融合教育工作，江苏建立了一系列融合教育管理制度，其中就包括特殊教育专家委员会制度、特殊教育评估安置制度、特殊教育服务清单制度、特殊教育设施配备管理制度、个别化教育制度（课程方案、教材选用、康复个训、评估调整、质量考核等）。

最后，保障有力，重视特殊教育的现代化建设。为保障融合教育的实施经费，江苏明确规定：高中和义务教育阶段特殊教育生均公用经费按当地普通学校生均公用经费的 8 倍以上拨付，幼儿园按义务教育阶段特教学校标准下发生均公用经费。此外，江苏各地也将融合教育覆盖率、特教专职教师配备率等纳入教育现代化监测和义务教育优质均衡发展督导评估，并将融合教育资源中心建设情况作为省特教发展工程评审一票否决项目。

当然，特殊教育的高质量发展，这是新时代党中央对教育现代化发展的重要要求。2019 年，中国教育学会副会长、国家督学李天顺在"新时期融合教育高质量发展论坛"的报告中指出，融合教育的高质量发展，是特殊教育上水平、上档次的重要标志。他为此具体提出了五方面的具有"标志"意义的要求，这也可以看作是江苏特殊教育高质量发展的未来目标与挑战。这五方面的要求就是：一要从融合的愿望出发，落实到融入社会的能力上去。二要坚持普通学校优先，做大做强随班就读。三要提升专业化水平，发挥特教学校的关键作用。四要以高质量发展为目标，完善支持保障体系。五要凝神聚力于课程，把好教育质量关。

特别是对于第五点，李天顺副会长又进行了明确的强调，融合教育能不能高质量发展，关键在课程，"只有我们凝神聚力于课程，才能真正抓住高质量发展的牛鼻子"。针对特殊教育的课程设置，他提出了以下四点要求：一是强调科学，

---

① 江苏省教育厅官网. 江苏省第二期特殊教育提升计划部署会在宁召开 [EB/OL]. [2017-11-02]. http://jyt.jiangsu.gov.cn/art/2017/11/2/art_58358_7498500.html.

② 参见教育部官网发布的《江苏规范融合教育资源中心建设 到二〇二〇年基本普及有特殊教育需要学生的十五年教育》。

要建立在科学的评估和对残疾学生所面临的障碍和潜能的正确认识上。二是强调支持。要完善包括无障碍环境和辅助技术的支持、教育教学组织管理的支持、学校文化的支持等。三是强调针对性。要深入地研究义务教育课标和特教学校课标，对班级课程进行必要的调适，形成个别化教学计划，包括目标的调整、内容的增减、手段的多元和发展性评价等。四是强调融合。要积极地创造条件、努力地克服障碍，主动地进行设计和安排，让残疾学生更多地参与到学习、合作和各种活动、各种社团组织中。[①]

三、特殊教育高质量发展的国际借鉴

（一）美国

美国政府高度重视特殊儿童的教育，根据其"一个孩子都不落下"法案（No Child Left Behind Act of 2001），每一个在美国上学的孩子，无论有无残障，无论残障的程度如何，政府都必须为孩子提供免费且适当的公立教育。[②]

美国重视从学前阶段就开始实施有效的干预。学区为3~5岁的特殊儿童专门开办了特殊儿童幼儿园，并配有专业的特殊教育教师、物理治疗师、作业治疗师、语言治疗师等特殊教育人员。此外，在特殊教育幼儿园上学的孩子，家长不需要支付任何学费。美国的义务教育，是从5岁开始的。5岁之前的儿童教育，政府是不强制的，家长既可以让孩子玩到5岁再上学，也可以每月至少支付1000美元的学费，把孩子送到民办幼儿园上学。5岁之后，大部分特殊儿童（比如唐氏、自闭、多动、语言迟缓、学习慢等），都有权利在公立学校与正常儿童一起接受教育。

在个别化教育方面，美国更是格外重视。其通常是由学区负责定期召开个性

---

① 拥抱"办好特殊教育"新时代，唱响融合教育高质量发展"大风歌"：新时期融合教育高质量发展论坛在徐州热烈举行［EB/OL］．［2019-06-04］．https://www.sohu.com/a/318496945_744795.

② 参见程剑飞撰写的《美国特殊儿童的个性化教育：一个孩子都不落下》。

化教育的联席会议，参加人员有特殊教育服务部负责人、IEP 小组所有成员、学校老师、家长及其他专业人员（如家长要求）等。在美国，家长只要怀疑自己小孩有自闭症、发展迟缓等倾向，都可以要求学区进行评估。评估结束后，如果孩子确认符合特殊服务条件，就可以接受特殊儿童教育。如果家长认为孩子不必在特殊班接受特殊教育，完全可以向学区要求在普通班上课。对于在普通班和正常孩子们一起上课的特殊孩子，学校会专门安排一名行为老师全职陪同，这个孩子在课堂上的一切行为举止都由行为老师观察、记录、纠正和指导。

美国对于普通学校特殊班的基本要求是，师生配比至少有 1 名特殊教育教师、2 名特殊教育助理，且学生不超过 10 人。特殊班里的每个孩子学习计划不同，因此老师的教学也非常有针对性，或者根据不同的需要而实行分层教学。比如 Tom 的数学非常好，论纯计算，他的能力已达到四年级水平，但是他的语言和阅读能力不算理想，因此老师布置给他的数学题不再是"12×5＝？"而是诸如"周一到周五，Jack 家每天会收到 12 封信，一个星期共会收到多少封信？"这样的问题。

（二）英国

英国是世界特殊教育的重要发源地，近年来特殊教育的政策改革趋势则是一体化教育（Integration Education）思潮。1992 年，英国政府教育白皮书《选择与多样性》规定，地方当局负责提供特殊教育经费和安置特殊需要儿童，允许全纳教育学校脱离地方控制，接受中央拨款，并鼓励普通学校、特殊学校之间互相竞争。随着越来越多的特殊需要儿童被纳入普通学校，家长开始理解和接受特殊教育需要，并可以自由选择特殊需要儿童所要就读的学校。

根据 1994 年《特殊教育需要鉴定与评估实施章程》规定，对于儿童是否属于特殊教育需要儿童，应分为五个步骤来判定，此外还要求每所学校指定一名特殊教育需要协调员，负责为特殊教育需要学生提供教学服务和建档立案，协调教师、家长和校外专业机构对特殊教育需要儿童的教育事宜。1996 年，英国最新颁布的《教育法案》提出，当地教育可根据本地区具体情况对"特殊教育需要"作出自己的定义和安排，倡导特殊教育需要儿童在主流学校就读。1997 年的绿皮书《让所有儿童成功：满足特殊教育需要》和同年颁布的白皮书《学校的成功》，都明确提出特殊教育学校应在全纳教育体系中继续发挥至关重要的作用，并提供 800 万英镑的基金以促进特殊教育学校推动全纳教育发展。2001 年《特殊教育需要和残疾人法案》中强调，主流学校是全纳教育的主体，强调保护特殊教育需要儿童和家长的权利。

（三）日本

特殊教育在日本被称为特别支援教育，其教育体系由特别支援学校、普通中小学中的特别支援班级、普通班级的通级指导三部分构成。根据日本文部科学省特别支援教育现状的报告，特别支援学校是为残障学生专门设立的特殊教育学校，其类型主要包括视觉障碍、智力障碍、病弱、听觉障碍、肢体障碍等。

同样，融合教育也是当今日本特殊教育的改革方向，并通过在各地充分整合利用学校的教育资源，着手建立融合教育体系。值得注意的是，日本的融合教育体系以小学为主。举例来说，假设在某地区有 4 所小学 ABCD 及 1 所特别支援教育学校，A 小学仅设立有关言语语言障碍的通级指导教室，B 小学仅设立有关智力障碍的特别支援班级，C 小学仅设立有关视觉障碍的特别支援班级，D 小学仅设立有关自闭症的通级指导教室，具有智力障碍和言语语言障碍的儿童可以同时成为 B 小学和 A 小学的学生，按照自己的需要将上学时间合理分配给 A、B 两个学校。同理可知，具有视觉障碍和言语语言障碍的儿童可以成为 A、C 两所小学的学生。至于特别支援学校，其发挥资源中心的统筹功能，为残障儿童补充提供上述 4 个小学均无法提供的其他类型的特殊教育资源。①

四、江苏特殊教育高质量发展的思考

建设高质量的教育体系，既体现了党中央以人民为中心的政治要求，也体现了中国特色社会主义制度的优势。坚持以人民为中心，重视包括残疾人在内的社会各方面人民的不同教育需求，这是不断满足人民日益增长的美好生活需要的时代要求，也是特殊教育现代化发展的必然要求。根据新时代的高质量教育发展需要，江苏特殊教育的高质量发展，应在以下几个方面进一步推进与完善：

---

① 高晶晶，刘文静．论日本特别支援教育法律制度［J］．教育评论，2019（2）：154-158.

1. 立德树人，积极构建特殊教育的终身教育体系

2020 年 9 月 22 日，习近平同志在教育文化卫生体育领域专家代表座谈会上的讲话中指出："要完善全民终身学习推进机制，构建方式更加灵活、资源更加丰富、学习更加便捷的终身学习体系。"强调特殊教育的终身教育体系建设，正是新时代特殊教育的一项重要要求。

改革开放以来，我国的特殊教育发展，从重视义务教育，逐渐向"两头延伸"，日益加强并推进了学前教育与中学后职业教育的发展。如果说，前两个阶段的历史使命已经初步完成，那么，进一步构建特殊教育的终身教育体系，正是新时代特殊教育发展的新要求。《中国教育现代化 2035》提出要构建服务全民的终身学习体系：一是要构建更加开放畅通的人才成长通道，完善招生入学、弹性学习及继续教育制度，畅通转换渠道。二是建立全民终身学习的制度环境，建立国家资历框架，建立跨部门、跨行业的工作机制和专业化支持体系。建立健全国家学分银行制度和学习成果认证制度。三是强化职业学校和高等学校的继续教育与社会培训服务功能，开展多类型、多形式的职工继续教育，扩大社区教育资源供给，加快发展城乡社区老年教育，推动各类学习型组织建设。显然，在终身教育的时代要求下，特殊教育的高质量，已不再仅仅停留在义务教育上，也不再仅仅着眼于学前教育与职业教育的"两头延伸"，而更应该按照《中国教育现代化 2035》的终身学习体系，进行服务全民的教育体系建设。

2. 因材施教，强化特殊教育的个性化教育服务

作为我国融合教育的重要创新，随班就读已经成为我国特殊教育的主体形式。统计数据表明，目前我国已有超过一半的特殊儿童，是在随班就读状态下完成教育学习的。经过 30 余年的发展，随班就读已成为我国特殊儿童教育的重要方式。

然而，从当前的一些调研来看，随班就读所出现的问题不容忽视，有些问题甚至是较为突出与普遍的，特别是"随班混读"现象。这些问题表现在：随班就读教师的专业性指导不足，学生学习积极性不高，政府对政策执行不力，以及教师面临工作量大、考核机制单一、家长不理解等。究其原因，就在于学校领导重视不够，教师的专业技能缺乏，致使其在对特殊儿童的教学和管理中处处碰壁。此外，特殊儿童家长担心自己孩子的安全，担心自己的孩子受到歧视、欺负等，从而造成对老师的不理解，这就使看似相得益彰的随班就读反而处于两难境地。

个性化教育，这是特殊教育的基本要求，也是特殊教育的"特点"所在。美国总统肯尼迪曾说："我们每个人的天赋不一样，但我们都应有平等的机会去

发展我们的天赋。"正是在这种个性平等的理念下，个别化教育计划（IEP）被确定为美国 1975 年颁布的《所有残疾儿童教育法》的基本原则之一。

通过个性化的教育设计，实现特殊需要学生的"精神扶贫"，这是特殊教育做深做细，确保高质量发展的关键所在。残疾人教育工作需要稳步推进，要加强与省教育厅的工作联系，及时提供未入学儿童数据，推动"一人一案"的落实。要积极参与全省特殊教育工作，参与全省特教专项调研、特教项目申报等活动。因此，为保障残疾儿童接受义务教育的权利，江苏特殊教育的改革发展应当高度重视精神扶贫工作，紧盯目标任务，结合教育工作规律，精准发力，向课堂要实效，向教育要质量，实现特殊教育的高质量发展。

3. 医教结合，构建现代化综合教育服务体系

科技改变生活，科技改变教育。随着社会的发展和科学技术的进步，很多先进的科学技术已经被广泛运用于残疾人的生活。例如，电子耳蜗的植入解决了聋儿的听力补偿问题，助视器帮助低视力儿童提高视觉功能，还有很多残疾人辅助器具的使用使残疾人提高了生活能力，尤其是现代信息技术的运用，使残疾人与外界的沟通更为无障碍和便捷。因此，充分重视现代医疗科学技术的进步，尽力消除特殊教育"特"性，这是教育现代化发展的重要方向。

社会的变革必然要求特殊教育进行相应的改革，医教结合等多学科合作已经成为现代特殊教育的发展趋势，美国、英国等一些发达国家和地区的特殊教育已经在这方面开展了丰富的实践，取得了成功经验。这些国家和地区注重运用现代化的先进技术与设备，配备了物理治疗师、言语治疗师、心理咨询师等专业人员，为有特殊需要的残疾学生提供个性化的专业服务，提高了特殊教育的科学性和针对性，使教育真正满足残疾儿童的需求。重视医教结合，不仅有助于各种疾病障碍的早发现、早治疗，而且更有助于科学康复与科学教育。

首先，要建立基于学校的儿童康复治疗中心，构建医教联盟。在卫生行政管理部门的支持下，在有条件的特殊教育学校建立符合卫生许可要求和医疗康复机构标准的，由合格的康复师主持的康复中心，以达到康复与教学结合并相互促进的目的，同时提高康复治疗的依从性和实际效果。

其次，要建立医教结合的工作制度，并制定相应的工作规范。要通过政府的教育、卫生行政管理部门，以及残疾人组织的合作，建立医教结合的工作制度，并制定相应的工作规范。具体措施包括：一是建立由特教教师、医生和残疾人服务社会工作者（或志愿者）组成的跨专业入学评估机制；二是建立特教教师、

医生和家长参与的特殊教育会商机制，沟通协调是否进入特殊教育学校或进入普通学校随班就读、教育对象的个体教学目标和生涯规划、教学方案和课程设置、特殊教育和家庭教育的配合等方面的意见；三是建立医生定期参与教学的机制和定期评估教学效果的机制，并根据评估结果动态调整教学方案和课程设置。

4. 远程教育，重视特殊教育的信息技术提升

近年来，我国的教育信息化已经取得了很大的进步。近年来，我国网络本专科注册和毕业人数均居世界第一，在线教育和培训已经形成多样化格局。2020年，我国在新冠肺炎疫情突发后开展了大规模的在线教育，2月到5月，国家中小学网络云平台20多亿人次浏览，全国1775万大学生参与在线课程，共计23亿人次。这是全球最大规模的在线教育实验，不仅有效应对了疫情冲击、保障了师生健康和生命安全，而且探索创新了教学模式。"十四五"时期我国建设高质量教育体系，必将沿着"实现人人皆学、处处能学、时时可学"的方向，我国终身学习体系和学习型社会的建设有望开辟新的境界。

"教育信息化是教育应对信息化时代挑战、加速推进教育现代化的重大选择和重要手段，也是实现教育现代化的主要发展指标。"[1]《中国教育现代化2035》中提出："利用现代技术加快推动人才培养模式改革，实现规模化教育与个性化培养的有机结合。"学校教育的信息化发展包括建设智能化校园，统筹建设一体化智能化教学、管理与服务平台，以及推进教育治理方式变革，加快形成现代化的教育管理与监测体系，推进管理精准化和决策科学化等。

对于特殊教育而言，教育信息化具有更重要的现实意义。为了实现残疾儿童的人人受教育机会，"送教上门"已经成为学校特殊教育的重要补充形式。然而，"送教上门"在实践中也暴露出很多问题。调查发现，其"在实际运行过程中还存在着送教对象选定程序不当、送教教师队伍建设力度不足、家长缺乏对'上门送教'教育的重视等弊端，继而严重影响'送教上门'教育服务的有效发展"。[2] 的确，"送教上门"广泛存在着效率低、效益差的问题。

充分重视现代教育信息技术的运营则是走出"送教上门"困境的良好选择。在这方面，广东顺德地区特殊教育现代化信息服务探索值得借鉴。广东顺德地区

---

① 丁勇. 我国特殊教育现代化的发展趋势和特点［J］. 中国特殊教育，2017（2）：7-12.

② 夏乐峰. 区县送教上门工作现状的调查——以扬州市江都区为例［J］. 现代特殊教育，2016（4）：39-42.

有近300名无法到学校接受教育的重度、极重度特殊儿童，他们就是需要提供"送教上门"的服务对象。顺德地区启智学校利用现代教育信息技术，建设了"顺德区特殊教育支援服务云平台"，运用信息化手段实现对送教上门工作的专业支持。借助云平台，普通学校教师能通过看视频讲座和课例来学习特殊教育知识，还能上传、共享课程，分享"送教故事"。同样，甘肃省天祝县教科局也制订了《利用信息化手段助力教育扶贫工作方案》，组建了管理团队、服务团队、助教团队，通过远程网络直播送教的方式，帮助这些孩子们掌握基本的生活技能。这项工作得到了沪江团队的积极响应，他们不仅添送平板电脑扩大了送教范围，还根据孩子的认知能力，安装了简单实用的学习软件和资源，并实现了根据个人学习进度的实时更新。特殊的孩子们正在感受到"互联网+"教育带来的温暖。①

5. 名师兴教，强化特教名师名校品质工程建设

教师为学校教育之本。《中国教育现代化2035》对教师的现代化也提出了明确的要求："强化职前教师培养和职后教师发展的有机衔接。夯实教师专业发展体系，推动教师终身学习和专业自主发展。"朱卫国副厅长在报告中也强调要求，一要配齐配足特殊教育学校教职工，二要加强特殊教育教师培养培训等②。如果说，将特殊教育学校的教职工"配齐配足"体现了政府对特殊教育事业的关心与重视，那么，进一步提高特殊教育质量，就更需要强化特殊教育教师质量的提升。这需要加强特殊教育教师的培养培训，但不能仅限于此，还应该通过特殊教育学校的名师工程建设促进特殊教育的高质量发展。

选择一所学校，就意味着对教师的信任与认可。被誉为"提灯女神"的何金娣校长，其1995年初到上海卢湾辅读学校时，这里几乎没有年轻教师。然而，何金娣管理学校20年间，学校没有一位年轻教师流失，这不能不说是特殊教育的"奇迹"，更是体现了特教名家的不朽伟绩。何金娣校长曾说："我们视学校为自己生命，视学生为自己生命。我们不仅要带给孩子现在的幸福，也要带给他们未来的希望与出路。"正是何金娣让整个学校具有凝聚力，把学校变成了一个"家"。因为何金娣，所有的教师内心都很安稳，觉得背后有棵大树可以依靠。就连学校的保洁员王秀莲也说："反正我们看到何校长，都觉得她很好很好的。每次帮她打扫卫生，她都会说：'谢谢阿姨，你辛苦了啊！'每次都说，你想想，

---

① 参见《甘肃教育手机报》第936期发布的《天祝县特教实现互联网+教育送教上门》。
② 朱卫国. 优质全面发展江苏特殊教育［J］. 现代特殊教育，2016（10）：6-10.

她是个多好的人啊。"①

2020 年 12 月 3 日，"特教园丁奖"颁奖仪式在南京特殊教育师范学院隆重举办。据了解，从 2010 年起，中国残联、教育部等共同设立特教园丁奖，至今全国已有 1799 名特教老师获得表彰，江苏获奖特教老师达 117 名。"特教园丁奖"是对特教名师名家的工作肯定，更是对广大特殊教育工作者的一种激励。进一步完善名师兴教理念，强化特教名师名校品质工程建设，这是提升特殊教育质量发展的重中之重。

6. 群策群力，完善提升特殊教育治理的现代化

推进教育治理体系和治理能力现代化是《中国教育现代化 2035》提出的重要要求。不仅要提升政府管理服务水平，提升政府综合运用法律、标准、信息服务等现代治理手段的能力和水平，更重要的是，"鼓励民办学校按照非营利性和营利性两种组织属性开展现代学校制度改革创新"，并推动社会参与教育治理常态化，建立健全社会参与学校管理和教育评价监管机制。

对于加大特殊教育投资、建设与管理，江苏省已取得了很大的成就。相对而言，在如何完善与提升特殊教育治理能力与水平的现代化发展方面，则存在着明显的不足。党的十八届三中全会把"完善和发展中国特色社会主义制度、推进国家治理体系和治理能力现代化"确定为全面深化改革的总目标，这也开启了全面深化改革、系统整体设计推进改革的新时代。教育治理，不再是简单的教育管理，而是充分调动社会各方面力量，积极鼓励其参与特殊教育事业的建设。2017年修订的《残疾人教育条例》第九条也明确提出要求："社会各界应当关心和支持残疾人教育事业。残疾人所在社区、相关社会组织和企事业单位，应当支持和帮助残疾人平等接受教育、融入社会。"

众所周知，江苏民营经济发达，民办教育在全国也具有一定的影响，但是，民办特殊教育，则是其短板所在。当前，江苏已有 3 家民办特殊教育学校，它们分别是位于徐州的彭城启智学校、苏州博爱学校，以及常州天爱儿童康复中心学校。相对于全省 160 家特殊教育学校而言，其所占比例，明显不足。在经费投入方面，政府在加强财政保障的同时，反而忽视了社会资源的充分调动。以爱德基金会为例，这是 1985 年前全国政协副主席丁光训主教等基督教界人士发起成立的民间组织，也是中国改革开放后最早成立的非营利组织，旨在促进我国的教育、社

---

① 参见王柏玲、张鹏撰写的《逝者｜何金娣：中国特教界的"提灯女神"》。

会福利、医疗卫生、社区发展与环境保护、灾害管理等各项社会事业的。该基金会成立以来，积极关注并支持残疾人教育康复事业，曾于 1997 年获国务院颁发的"第三届全国助残先进集体"称号。如何将企业、个人以及基金会等社会力量充分调动起来，这也正是实现江苏特殊教育质量现代化所面临的现实问题。

五、结语

2019 年，杭州聋人学校更名为杭州文汇学校，特殊教育经历了从隔离到融合，进而面向普通学生招生的反向融合新模式。有身体障碍的特殊孩子，从教育的包袱逐渐转变为教育的"宠儿"，让普通学校参与到特殊教育的竞争中，这必将是特殊教育发展的新样态。当然，重视特殊教育，也应避免"左倾"冒进，片面追求入学率。事实上，对于那些无法正常入学的孩子而言，大多存在难以接受基本教育的严重残疾状态，如一些缺乏语言交流能力的儿童等。显然，在这种状况下，"送教"不等于"送学"，如特殊教育的形式主义，应当对此引以为戒。

［基金项目］本文系江苏共享发展研究基地开放课题"江苏省特殊教育现代化的战略重点与体制构建"（编号：20gxjd08）的阶段性成果。
［课题组成员］马建强、王凤娥、季瑾、李鹏、郭永。

参考文献

［1］朱卫国．优质全面发展江苏特殊教育［J］．现代特殊教育，2016（10）：6-10.
［2］高晶晶，刘文静．论日本特别支援教育法律制度［J］．教育评论，2019（2）：154-158.
［3］丁勇．我国特殊教育现代化的发展趋势和特点［J］．中国特殊教育，2017（2）：7-12.

江苏省特殊教育短板问题的对策研究

张伟锋*

内容摘要：本文聚焦研究江苏省特殊教育发展的短板问题，在本土探索经验和台湾镜鉴的基础上，提出江苏省特殊教育改革发展的对策建议。首先，梳理介绍了江苏省特殊教育发展的显著成就，从特殊教育保障机制、教师队伍建设、特教学校转型升级和顶层设计等方面分析其存在的短板问题。其次，探讨南京市等地区的本土探索经验和台湾特殊教育发展的创新与特色。最后，在两岸融合发展、苏台融合教育合作交流的背景下，从强化支持系统与配套措施、提高对特教教师/资源教师的期许、继续寻求"双赢"的策略、强调功能重于形式等方面提出了对策建议。

关键词：江苏特殊教育；台湾特殊教育；融合教育

特殊教育是教育公平、民生领域中的难解之题，涉及我国数千万残疾人及家庭。特殊教育是教育体系中的一个独立领域，但又关涉到幼教、义教、高中、职教、高教等其他领域。与其他教育领域相比，它与卫健、民政、残联、人社等部门也有更多的联系。教育部基教司李天顺司长（2019）认为，特殊教育是目前我国整个教育体系中的短板，发展的瓶颈难题仍有待破解。当前特殊教育的高质量发展，十分需要特别关爱、特别支持，更需要强有力的行政推动和法律保障。

作为教育现代化、教育民生领域的难点问题，特殊教育的治理难度更大。我国要实现教育现代化2035的战略目标，必须遵照党中央"办好特殊教育"的精

---

* 张伟锋，男，博士，南京特殊教育师范学院特殊教育学院副教授，研究方向为特殊教育资源整合与专业团队合作、特殊儿童教育与康复。

神，落实特殊教育的常态支持和优先研究，完善其工作格局和支持保障体系。2020 年，党的十九届五中全会明确提出了"建设高质量教育体系"的发展目标，长三角等经济发达、社会民生建设条件较好的地区理应先行一步，走在全国前列。本文聚焦江苏省教育现代化中特殊教育的短板问题，采用案例研究、区域比较、文献研究和综合研究等方法，发挥台湾等其他地区的镜鉴启示作用，探讨解决江苏教育现代化中特殊教育短板问题的对策举措，并提供决策咨询建议，以期推动江苏高质量发展走在全国前列，为全国发展探路。

一、情况分析

（一）显著成就

中华人民共和国成立后，国家陆续发布的一个个具有里程碑意义的特殊教育政策措施乃至立法举措，是我国特殊教育事业发展的主要推动力量。尤其是"十三五"以来，出台的特殊教育事业发展的法规政策不断增多：修订了残疾人教育条例，连续实施了两期特殊教育提升计划，印发了义务教育阶段残疾儿童随班就读的指导意见，中央财政大幅度提高特殊教育的投入，着力扩大特殊教育资源，推动落实"一人一案"教育安置政策。各地特殊教育事业发展的行政推动举措也明显增多，部分省市特殊教育的发展尤为迅速，江苏就是典型代表之一。

江苏是我国现代特殊教育的发祥地。改革开放以来，江苏特殊教育事业发展的多项指标一直位居全国前列。近年来，江苏力推融合教育发展，聚焦融合教育体制机制建设，引发全国同人关注。目前，江苏特殊教育取得了令人欣喜的成就并形成了态势良好的发展局面，正向着"优质全面"的方向发展。一是强化支持保障，完善顶层设计，夯实了发展基础。"十三五"期间，先后出台了《江苏省第二期特殊教育提升计划（2017—2020 年）》《关于加强普通学校融合教育资源中心建设的指导意见》等 8 个重要文件，加强特殊教育资源配置，从经费投入、编制统筹、机构设置等方面完善保障措施，为特殊教育改革与发展保驾护航。二是以工程项目的方式，持续推进，破除特殊教育发展瓶颈。从 2013 年，江苏省就实施特殊教育发展工程项目，每年安排数千万元资金，用于开展特殊教育学校办学条件改善项目、资源教室建设项目、医教结合试验项目，以破解特殊教育发展面临的瓶颈和困难。从 2017 年开始，江苏根据新的法规政策要求，突出"教育性""儿童本位"，开始调整特殊教育发展工程项目实施方向，聚焦融合教育发展，开展区域融合教育资源中心建设项目、个别化教育研究项目、送教上门项目等，优化特殊儿童的诊断、评估、安置、个别化教育计划的实施，努力推进融合教育高质量发展。以工程项目的方式，来推动特殊教育改革发展，理念先进，是江苏创举。三是构建特殊教育体系，实现了学段全贯通、义务教育全覆盖。目前，江苏省有特殊教育学校 106 所，30 万以上人口县区都建有特殊教育学校。全省已建成普通学校融合教育资源中心 3723 个，其中，学前、小学、初中融合教育资源中心实现乡镇街道全覆盖，中等职业教育融合教育资源中心实现县区全覆盖。部分省内高等院校已开设专门面向残疾学生的本科专科学历教育，全省共有在校残疾大学生 3800 多人。

江苏省委、省政府历来高度重视特殊教育，把特殊教育摆在全省教育事业发展的重要位置予以谋划和部署，紧紧抓住国家一、二期特殊教育提升计划实施的契机，完善顶层设计，优化工作举措。目前，江苏省已全面完成二期特殊教育提升计划的目标任务，省域特殊教育呈现蓬勃发展的良好态势，开创了江苏省特殊教育优质融合发展的新局面。

（二）短板问题

2017 年江苏省相关文件指出：江苏省残疾儿童少年的教育普及水平仍然偏低，学前教育和高中阶段教育整体滞后，特殊教育支持保障体系尚不健全，融合教育成为特殊教育事业发展的瓶颈，教师队伍数量不足、结构不合理、待遇偏低、专业水平有待提高。

1. 特殊教育保障机制

党的十九届五中全会明确提出要"健全特殊教育保障机制"的重要要求。尽管"十三五"期间江苏省不断加强特殊教育资源配置，从经费投入、编制统筹、机构设置等方面全方位完善强化对特殊教育的支持保障，但从"建立健全高质量教育体系"的教育现代化目标来看，以及与经济体量相当的发达地区或国家相比，江苏省特殊教育保障机制仍是制约发展的瓶颈问题。因此，江苏省要认真贯彻落实相关政策，加大政策、资金、项目对特殊教育的倾斜，进一步完善特殊教育工作机制，改善特殊教育办学条件，保障残疾儿童少年享有公平而有质量的教育。

"十四五"期间，教育部门还需会同相关部门健全江苏省残疾儿童少年入学数据核对机制，落实"一人一案"，巩固残疾儿童少年义务教育普及水平。加快特殊教育向"两头"延伸，推动孤独症学校建设。全面推进融合教育，进一步加强特殊教育资源中心和普通学校资源教室建设。以完善特殊教育保障机制为动力，加快推进教育现代化，全面加强内涵建设，全面提高特殊教育质量（丁勇，2021）。

2. 教师队伍建设

面对教育现代化和特殊教育高质量发展的任务，江苏省特殊教育教师队伍建设面临着数量不足、结构有待优化和进一步提升教师专业水平、形成发展机制的双重压力（丁勇，2021）。因此，还需要多方着力，抓好师资队伍建设。目前，江苏普通学校融合教育专职教师配备力度不够，特教学校教师队伍尚不能满足本校特殊教育的教育教学需要。引入社工、康复师等专业人员，承担有特定需要学生的照护、康复训练及辅助教学等工作的机制还不健全，这就需要将特殊教育通识内容纳入教师继续教育和相关培训中，努力提升全体普通教师的特殊教育专业素养。另外，应将融合教育工作纳入教师绩效考核中，激励更多教师积极承担融合教育工作。为应对各种困难，特殊师范高校与一线学校还需要探索构建发展共同体：一是建构特教师资培训协同体，提高特教师资教育教学实践能力、提升特校师资教育科研能力；二是建构特教教学研究协同体，鼓励高校特教教师发现并研究一线特校教育教学实际难题，形成高校与特校联动教学研究课题的组织；三是建构特教政策研究协同体，通过高校科研机构搭建平台，高校与特校在特殊教育立法、政策咨询、标准制定等层面进行合作；四是建构特教人才培养协同体，通过增加特校见习实践教学环节，增设主辅修制等提高毕业生动手实践能力。在特教师资队伍建设方面，还需要搭建平台，加强多方联动，协同发力，共同提升特殊教育人才培养培训的规模和质量。

3. 特教学校转型升级（基层治理）

随着融合教育的推广，特殊教育学校办学会处在"转型升级"螺旋上升的过程中。培智学校的学生从轻度障碍变为中重度障碍，甚至多重障碍儿童少年，对培智学校的办学模式和教学方法都带来了新挑战。同时，特教学校要逐渐成为区域融合教育的后援中心、指导中心、管理中心、资源中心、培训中心和研究中心，只有这样才能继续成为新时代特殊教育发展的重要推进器。在特教学校和区域中心层面，基层学校/中心还需要健全特殊学生的科学评估认定机制，规范评估认定流程，建立工作台账；区域中心还需要健全就近就便安置制度，坚持优先安置接受普通教育的原则，强化控辍保学，落实全部"持证残疾儿童少年"入学安置；区域中心还需要推动完善随班就读资源支持体系，加强资源教室建设、发挥融合教育资源中心作用，包括注重课程教学调适、培养特殊学生生活劳动能力、完善特殊学生评价制度、加强校园融合文化建设。

4. 特殊教育发展顶层设计

在发达国家和地区，特殊教育是全社会都知道、都关注、都参与的社会福利、人权和公益事业。现在我们教育系统之外的各行各业，大多都没听说过特殊教育，也大多不知道残障人群还应有特别教育、发展，也能为社会做出巨大的贡献。即使在教育系统中，也有80%以上的普通教育工作者不知道特殊儿童和特殊教育。他们几乎没有学过特殊教育课程。我国在特殊教育发展和融合教育推广方面还有很长的路要走，仅仅靠国务院和教育主管部门的法规政策，还不足以形成完整有效的顶层设计。各区域残疾人教育及融合教育的推行明显发展不平衡不充分，表现出不同程度的缺顶层设计、缺专职特教教师、缺专业资源支持、缺配套机制制度、缺社会支持的普遍现象。从相关主观条件看，一些地方和部门行政领导对"办好特殊教育是实现教育现代化的必然要求"认识模糊，对新时代所要求的整体性、协调性发展的思想准备不足，落实特殊教育发展任务的精神状态不佳，能力不足，实施不力。所有这些使特殊教育面临着与其他教育之间差距进一步拉大、发展不平衡不充分的矛盾进一步激化的现实可能。作为特殊教育的先进省份，江苏亦是如此。因此，要出台特殊教育顶层设计的目标、设计图、施工图，使支持保障体系得以建立健全和落地执行，将特殊教育作为教育现代化监测和义务教育优质均衡发展的重要内容和考核指标。不断努力提高特殊教育质量，让特殊学生全方位、全过程、全时段地享受公平教育的机会，实现全面发展，将是当前我们要完成的一项重要任务。

推动江苏省特殊教育创新发展、内涵发展走在前列，是一项需要上下联动、跨部门融通的系统工程。我们的发展目标是：江苏全省形成纵向到底、横向到边的较为完备的融合教育发展体系；在此基础上，各地开始积极探索基于本地实际、体现区域特色的融合教育发展新模式，全省形成百花齐放、百舸争流的蓬勃发展图景；建立健全江苏省教育基础性制度体系，使之充满活力、富有效率、更加开放；进一步完善政府依法宏观管理、学校依法自主办学、社会有序参与、各方合力推进的格局。

二、证据支持

（一）南京市经验

1. 南京市的实践案例

南京作为我国公办特殊教育的发源地，一直以来处在全国领先的发展水平。"十三五"期间，南京抓住国家特殊教育改革实验区建设的机遇，深化改革，进一步优化顶层设计，出台相关政策，营造社会氛围，加强专业支持，开创并不断完善"普特融合"的特殊教育体系，让关爱特殊儿童正在成为博爱之都南京的城市行动。"十三五"期间，南京市特殊教育学校总数达到15所（新开办3所），实现12个区全覆盖；新建普通学校融合教育资源中心330余所，实现全市所有街镇学前和义务教育阶段融合教育资源中心全覆盖、区域中等职业教育融合教育资源中心全覆盖。南京市残疾儿童少年义务教育普及率持续保持在99%以上，实现了残疾学生15年免费基础教育，圆满完成了国家、省、市《第二期特殊教育提升计划》的重要目标任务。南京市在探索推进特殊教育融合优质发展的道路上形成了一些经验做法：

一是健全体系机制，统筹协同，提升特殊教育发展水平。首先，完善由政府主导的顶层设计。市、区两级建立由政府分管领导牵头，教育、编办、发改、民政、财政、人社、卫健、残联8部门组成的特殊教育工作联席会议制度，研究制定区域特殊教育改革发展重要政策、协调解决重大问题。其次，加强专业指导体系建设。在2016年建立南京市残障学生就业创业教育指导中心、2017年建立南京市随班就读资源中心的基础上，建立市特殊教育指导中心，近几年各区随班就读资源中心相继升级为区特殊教育指导中心，2021年5月已成立南京市孤独症儿童教育研究与指导中心。市、区两级特殊教育专业指导体系不断完善，并逐步向分类指导、精准指导方向发展。最后，注重多方协同，探索出协同推进发展的机制。这些机制主要包括：①行政与业务部门协同，市、区教育行政部门与教科研、资源中心及教育装备等部门积极互动、齐抓共管的工作局面逐步建立。②政府与院校协同，市教育局与南京特殊教育师范学院签订合作协议，成立学术指导委员会，十多位专家积极参与指导政策研制、教师培训、年度视导等工作。③普特协同，普通中小学校与特殊教育学校、普通教研与特教教研之间双向融合，通过互派教师、集体教研、个案会商、课堂观摩等形式，强化交流与合作，探索资源互补与共享机制。④部门与社会协同，利用部门内外资源推动融合教育发展，例如，栖霞区教育局与残联、医疗机构合作共建，推进医康教融合发展。江北新区、浦口区等通过购买服务，引入社工、康复师等社会资源为残疾学生提供个别化服务。顶层设计、统筹协同，最终形成多方合力，共同推动着南京市特殊教育科学快速发展。

二是聚焦教学与师资建设，提升特殊教育教学质量。将学生身心发展和学业成长作为特殊教育的核心目标，着力从教学改革、师资队伍、教研科研三方面努力提升特殊教育办学质量。在教学改革方面，特殊教育学校落实国家课程标准，推进国家课程校本化实施，融合教育探索区域随班就读课程与教学调整。市教研室结合南京实际，研制推广《南京市培智学校教学基本要求表》，落实教育部培智类课标的本地化实施；针对随班就读学生个别化教育，组织骨干资源教师团队，研制随班就读学生学科学习评估和课程调整工具，现已形成阶段性成果并应用于低年级随班就读教学实践。在师资队伍建设方面，依托市、区、校三级教师培训机制，分类举办多主题、多层次、多形式的特殊教育师资培训，对象涵盖行政管理人员、校长、巡回指导教师、资源教师等，积极提升教师专业能力。逐步落实特殊教育学校的20%增核绩效工资总量，努力提高特教教师待遇。在教研科研方面，建立形成市、区两级教科研指导体系，以及市、区、校及校际教科研交流共享网络，广泛开展示范课例、精品课例交流指导、交流共享。开展国家特殊教育改革实验区重点实验项目研究，形成一批具有引领性、前瞻性的成果，有力地促进全市特殊教育教学质量提升。

三是加强资助与宣传，助力特殊教育稳步前行。健全完善经费保障制度，全面实行残疾学生15年免费基础教育。市级明确义务教育及高中阶段特殊教育生均公用经费按当地普通学校生均公用经费的8倍以上拨付，各区高标准落实，对公办园学前阶段特殊幼儿参照小学标准拨付生均公用经费。市级设立特殊教育专项奖补资金，年均投入超过千万元，用于提升特殊教育学校办学条件，推进校园环境改造，加强特殊教育指导中心和融合教育资源中心建设、内涵发展等。保障特殊儿童少年不因经济困难而辍学，保障特殊教育融合优质发展。积极加强宣传引导，通过多种形式、多种渠道，大力宣传特殊教育工作，营造有利于特殊教育发展的舆论氛围，形成系列特殊教育宣传品牌。

南京市作为全国特殊教育改革实验区，近年来政府出台了特殊教育教师专项奖励考核办法，开展融合教育最美教师、特殊教育发展有功单位、先进个人的评选表彰活动，先行先试，发挥了示范和辐射引领作用，充分体现了"办好特殊教育"的政策导向，营造了特殊教育发展的良好环境和氛围。新时期新阶段，南京市特殊教育发展更需要着眼于完善体系机制、提升专业水平、强化内涵质量、促进学生成长、健全支持保障，不断深化国家特殊教育改革实验区建设，着力难点突破、特色创新，统筹推进特殊教育高质量发展，为特殊儿童少年提供适合而优质的教育。

2. 其他市的实践案例

无锡市的特殊教育探索经验：中华人民共和国成立以来尤其是改革开放以来，无锡教育事业取得了巨大成就。无锡市历来重视特殊教育发展，随班就读工作走在全国前列。1990 年 5 月，全国首场随班就读工作现场会就在无锡召开。2015 年，教育部公布了 37 个国家特殊教育改革实验区名单，无锡市原崇安区名列其中。近年来，无锡市通过完善特殊教育制度框架、加快融合教育顶层设计、健全特殊教育经费投入机制、构建特殊教育支持保障体系等举措，着力提升特殊教育发展水平，基本形成了以特殊教育学校为骨干、以随班就读为主体、以送教上门为补充，从学前教育到高中阶段教育互相衔接的特殊教育体系，较好地满足了残疾儿童少年的入学需求。

（二）台湾地区

1. 台湾地区特殊教育概况

近代中国特殊教育的发展在大陆已有 140 余年历史，在台湾地区也已有 120 余年。我国台湾地区特殊教育的历史，可概分为启蒙植基、实验推广、法制建置、蓬勃发展、精致转型五个时期。近 20 年来，台湾地区在融合教育方面已出台若干方案并付诸实施，从小规模的实验计划开始，如今已成教育常态。2019

年 8 月正式公布实施的"十二年义务教育"，有望为台湾地区融合教育发展带来更大的契机。

目前，台湾地区特殊教育/融合教育已得到社会的肯定、政策的支撑、支持系统的配合，从学前到大学，逐步开展，渐入佳境。依据台湾地区《特殊教育统计年报》，2019 年度高级中等以下学校绝大多数身心障碍学生安置在普通学校（107536 人，占 95.14%），特教学校（28 所）仅收 5491 名学生（占 4.86%），安置在普通学校的身心障碍学生以分散式资源班为主，其次为巡回辅导、融合班（普通班接受特教服务）和集中式特教班。2019 年度台湾地区的 152 所高等院校中，身心障碍学生达 13392 人，占大专学生总数的 1.10%。2019 年度高级中等以下学校（含特校与普校）特教教师总数有 14458 人（约占教师总数 246341 人的 6%），就不同安置形态中的身心障碍类特教教师总数而言，集中式特教班特殊教育教师总数为 4839 人；分散式资源班特殊教育教师总数为 6202 人；巡回辅导特殊教育教师总数为 1612 人。这显示我国台湾地区身心障碍融合教育安置形态已经成为主流，越来越普及，已延伸至大学阶段，几乎每所高校都有身心障碍学生，且绝大多数中小学、大学都设有资源教室，提供身心障碍学生外加式的相关支持服务，融合教育师资逐渐占特殊教育教师群体的多数。

2. 台湾地区特殊教育发展的创新与特色

近 20 多年来，台湾地区特殊教育逐渐发展并不断精进，无论身心障碍教育还是资赋优异教育，均守住"多元"与"弹性"的原则并导向"优质"，讲求"绩效"。现阶段台湾地区正在推行的多项重要措施，皆是对"有教无类"与"因材施教"教育理想的具体实践。

（1）采取渐进的融合教育政策。2008 年 7 月发布的台湾地区《特殊教育发展报告书》提出了特殊教育之服务对象、行政规章、人力资源、入学安置、课程教学、学习环境、家庭参与及绩效评鉴等重要课题及解决策略，最后总结提出了台湾地区特殊教育的愿景与展望。其中包含"多元化安置，逐步朝向融合"的具体目标、策略和行动措施，借此提升台湾地区特殊教育质量。2009 年修正的台湾地区特殊教育的有关规定明确指出："提供的特殊教育与相关服务措施及设置的设施，应符合适性化、个别化、社区化、无障碍及融合的精神。""高级中等以下各教育阶段学校，对于就读普通班的身心障碍学生，应予适当教学及辅导。"回顾台湾地区特殊教育的发展历程，可知从主管部门到地方、政府及民间、学术界和教育现场对特殊儿童"多元化安置，逐步朝向融合"的努力，在策略上明确显示尽量统合、朝向融合的取向，政策的特色是"鼓励、增能与支持，而非强制"。

（2）健全融合教育的支持系统。融合教育的推行策略可分为融合教育支持系统、配套措施、课程设计与调整等。支持系统是推行融合教育必不可少的条件。没有支持和资源，就没有真正的融合教育。

一是行政与法规支持。台湾地区各级主管教育行政机关均设专责单位（特殊教育司、科），直辖市及县（市）皆设特殊学生鉴定及就学辅导会（简称鉴辅会）、身心障碍教育专业团队及特殊教育咨询会。落实特殊教育执行与专业服务质量的行政支持包括：强化特殊教育资源与普通教育资源整合；各级学校皆设有专责部门及专人负责特教行政，每校至少有资源教师1人，专业团队常态化进驻区域中心学校，并服务周边学校等。

二是教师的培育与增能。目前台湾地区12所师范院校均设有特殊教育系，另有一所私立大学是特殊教育师资的主要来源。依台湾地区现行法规，自2021年起特教教师资职前教育课程将提高为48学分，且须先通过特教教师资格鉴定考试才能进行教育实习。近30年来，台湾地区有规划地开展特殊教育教师培育与增能，采取了"专业化与普及化并进，普教教师必修特教"的推行策略。

三是学习辅助的支持。台湾地区对身心障碍者的学习辅助有明确的规定，以及较充足的支持资源。比如，针对就读特殊教育学校（班）及普通学校融合班的身心障碍者，学校应该依据其学习和生活需要，提供无障碍环境、资源教室服务、必要的教育辅助器材和相关支持服务。依据学生的适应情况可以提供教师、同伴等的自然支持，如小天使制度或学伴制度，提供特教生生活的提醒等。

四是家长参与。家长参与是台湾地区融合教育推行的行动策略之一。当前，台湾地区的家长依法在特殊教育上有很多的参与权，包括参与各县市鉴辅会、学生家长会、个别化教育计划的拟订、各级主管教育行政机关之特殊教育咨询会等。家长参与权已经走向法制化。

五是社会支持。身心障碍学生通过教育融合、社会支持，最终能适应社会、融入社会，是特殊教育工作者的努力方向。台湾地区融合教育的社会支持形式多样：例如，通过学校志愿者帮忙接送学生上学、放学，开展课后辅导或活动等。社区中的各种专业人员参与服务，可为特殊需求学生带来很大的帮助。

六是学校生态的改变。学校依据身心障碍学生个别需求主动调整学校环境，以提供特殊教育学生友善校园及安全、安心且无障碍的学习环境，同时还提供所需的义工、志愿者、教师助理员或特教学生助理人员等人力协助。由县市特殊教育资源中心、学校各处室等提供各项行政支持，并提供教师支持、同伴支持等心理与社会环境的调整。

（3）完善融合教育的配套措施。为推行融合教育，完善和落实融合教育支持系统，台湾地区特殊教育的有关规定（2019）还提供下列对融合教育的支持性规范：

一是实施"零拒绝"政策。台湾地区修订特殊教育法规，实施"零拒绝"及多元、优质教育，确认每位学生的教育可能性和受教育权利，以学生需求为本位，学生权益为优先，学生优势发展为首要，落实教育机会均等。

二是无障碍环境规划。当前台湾地区的无障碍环境建设包括提供适性支持服务，建构优质适性教育环境，建置台湾地区的特殊教育信息网络，不断更新各种辅具，增进家庭全面参与，充分考虑身心障碍者的实际需求，营造无障碍的校园环境，使公共建筑与交通设施皆具"可及性"，落实建设大学特殊教育支持系统。

三是普及资源教室方案。普设资源教室，对特殊需求学生提供部分时间抽离式的特教服务，是台湾地区融合教育的一项成功经验。台北市所有公立中小学皆设有资源教室（每校至少成立一个不分类的资源教室），并配置专职资源教师（每校配置至少一名资源教师）。

四是提供专业团队服务。专业团队常态化进驻区域特殊教育中心，并服务周边学校，以强化特殊教育与普通教育资源整合的措施，是台湾地区落实融合教育推行与专业服务质量的精进手段之一。具体来说，是以专业团队合作的方式，结合医疗康复、特殊教育、社会工作、职业训练等相关专业人员，共同为身心障碍学生的鉴定、评量、教学、辅导提供服务。

五是提供申诉服务。在台湾地区，家长参与权已走向法制化，法律明确规范家长参加特教学生鉴定安置机制及申诉程序，加强特教教学质量管理，强化家校合作机制。正当的程序是，父母有权参与其身心障碍子女 IEP 的制定，要求检视其子女 IEP 的执行情形及孩子的学习表现记录。如果发现 IEP 未被执行或执行不力，或孩子的教育权未获得应有的保障，家长可以提出申诉。

六是重视实务研究、信息化与绩效评鉴。在台湾地区，设有特殊教育系的高校皆设置有独立的特殊教育中心，教育主管部门每年编列经费补助各特殊教育中心，委请协助办理辅导区内特殊教育学生鉴定、教学及辅导的工作。依台湾地区特殊教育的有关规定（2019），至少每四年办理一次特殊教育绩效评鉴，包括对学校（中小学）的评鉴及对地方政府的评鉴。

七是其他配套措施。具体措施主要包括就近入学政策、普通班学生人数弹性调整、提供教育补助、交通补助、考试服务、辅助器材及相关支持服务等。

三、对策建议

党的十九大提出，要"办好特殊教育"，"努力让每个孩子都能享有公平而有质量的教育"，为新时代做好特殊教育工作指明了奋斗目标和前进方向。"十三五"以来，我国特殊教育事业发展的法规政策大量出台，行政推动举措明显加强，各地特殊教育事业都得到了更多重视，这些地区的特殊教育发展迅速。经过30多年的发展，江苏特殊教育已经取得了令人欣喜的成就和态势良好的发展局面，正向着"优质全面"的方向发展。然而，它也面临许多挑战，仍有很大的改进空间，应从行政、师资、专业支持上寻求解决之道。台湾地区多年来"多元化安置，逐步朝向融合"的特殊教育政策，与当前江苏省特殊教育发展规划理念相通、方向一致。江苏和台湾地区已有很好的交流合作基础，尤其是2019年启动江苏和台湾地区融合教育合作项目以来，两地携手同行，协作推进特殊教育。本文依据我们的本土探索经验，并借鉴台湾地区的有益经验，针对我们当前存在的问题，特提出以下对策建议：

（一）强化支持系统与配套措施

特殊教育的实施必须有完整而强大的支持保障系统，在实施上还应考虑一些相关的必要条件，方能使特殊教育乃至融合教育顺利推行。

江苏今后宜进一步落实如下具体措施：①举办教育系统内外的座谈交流活动，包括展示实施融合教育成功的事例及具体的实施程序，以扩大学校人员及社区人士的支持度。②提供持续性的协助，包括普通学校教师等人员的培训和资源的提供等。③拟订省内各融合教育资源中心的周详计划，包括融合教育实施计划时间表、经费筹措、学校空间安排、人员安排、定期监督和评鉴实施成效等。④提供普通教师增能培训，包括受训人员对实施融合教育的态度、知识和技能，提高服务效能，以满足不同学生的需求。⑤提供特殊教育所需的相关服务措施，包括临床医学、物理治疗、作业治疗、语言治疗等。⑥无障碍环境及设备的改善，包括建筑、交通的无障碍设施及运动、游戏设施、学习教材、辅助科技等。⑦义务教育阶段融合教育学生的教学内容、时间弹性安排，以利于实施协同合作。⑧出台更具体可操作的政策，包括颁布正式的融合教育政策和配套措施。⑨加快特殊学校的建设和转型，使之兼具区域特教资源/支持中心的角色。⑩提供较充足经费、完善的计划和充足的时间，让学校人员做好准备。⑪进一步落实无障碍的校园环境和社会环境。

（二）提高对特教教师和资源教师的期许

专业化且优质的师资是走向优质融合教育的保证。目前江苏特殊教育师资培育供不应求，在质量上也有提升空间。学校每年都要面对新安置入学的特殊学生个案。由于融合教育学生障碍类别与程度的差异及多元化特殊需求，以及各种教学与辅导技巧不断推陈出新，一位接受过系统特教专业学习的特教教师，也未必能满足所有身心障碍个案的服务需求。因此，参加特殊教育进修是融合教育学校中普通教师成长的必然过程。建议今后教育行政主管机关除了现行"江苏省融合教育教师上岗资格证"的基本要求之外，需进一步建立"特殊教育专业技能认证证书制度"，譬如学习障碍鉴定、听障学生辅导、重度障碍辅具、行为分析师等技能认证，作为特殊教育/融合教育教师进修的目标及考评的依据。

此外，大部分教师（尤其是青年教师）都是自完成教师职前教育后即投入学校教职生涯，社会化的程度并不高，然而教师在融合教育中所面临的是整个复杂的社会系统。因此，为适应急遽变迁的教育环境，应加强安排学校融合教育服务的成员参加有关沟通技巧、社会交往、人际关系等研习课程，使这些教师具有更强的能力面对各种问题，减少学校组织内外的冲突与矛盾；鼓励教师参加多种专业学习社群，激励教师的自我实现动机，提供更多自我成长的机会，不断提升创新教学服务品质，以顺应学生、家长及社区的需求。

（三）继续寻求"双赢"的策略

融合教育的效益通常是从对身心障碍学生的教育成效（学业成就和社会行为）、对普通学生的教育成效、对教师及教学质量的影响这三个方面加以评估。

从台湾地区实践和研究来看，我们会发现：融合教育环境及相关服务在学业及社会行为上皆可为特殊需求学生及普通学生带来正面的效益；普通班教师在获得适当的支持等相关条件配合之下，并未降低其教学质量而影响其教育绩效；融合教育的理念亦可为教师带来思想上和教学上创新的启发与激励。

综合学者们所提出的融合教育实施特质及指标，今后江苏省融合教育要进一步实现双赢的效果，应注重遵循以下原则要求：①在物理环境上，儿童学习及活动的场所需符合无障碍环境的原则，对于特殊需求儿童不但不设入学限制的门槛，而且需提供充分的教学资源以利于其学习；②在心理环境上，班级中的特教学生受到接纳与尊重，得到协助与鼓励，被视为集体中不可或缺的一员；③在课程教学上，必须考虑到所有学生的需求，不因能力而减少特殊学生的学习机会，学习结果都有适当评量，学生会合作学习，教师能关心所有学生的学习与参与；④在支持系统上，能获得充分的行政支持，所有学生家长都能参与学校活动，能与社区密切结合在一起。

（四）强调功能重于形式

融合教育并不是将有障碍的学生安置于普通班中然后就不管了，而是需要配合相关的支持服务。当一所学校开始实施融合教育的模式时，教师、家长及其他专业人员的合作是融合教育成功的关键因素。我们必须要强调，融合教育的功能（"里子"）重于形式（"面子"）：①建构学生需求为本的特教服务体系，融合的安置形式在哪里，支持的实质功能就在哪里。②渐进地、有条件地推进融合教育，采取多元化、弹性化的教育安置，是兼顾理想与现实的做法。③修正特殊教育学生评估方式，采用多元性评量，建构功能性的评估系统。④普及资源教室方案，并结合特殊需求课程及课程调整策略，是当前推进融合教育的具体且必要的措施。⑤设计适性课程，落实补救教学或区分性教学（差异化教学）。⑥推动"强师"（教师增能）计划，争取各级、各类教育人员的认同与支持，让教师成为有能力、有权力、有胆识的特教革新的尖兵，让特殊教育教师和普通教育教师同心协力推动融合教育，既要普教教师的增能——普修"特殊教育概论"课程，也要特教教师的增能——对普通教育课程有基本的认知。⑦普遍增设相关专业人员（如社会工作师、心理辅导师、语言治疗师、作业治疗师、物理治疗师），组成专业服务团队，配合特殊教育教师提供整合性的专业服务。⑧特殊教育学校仍有存在价值，可拓展转型，兼扮区域性资源（支持）中心的角色。⑨强化配套措施，真正的融合要兼顾物理、心理、课程教学及支持系统四个层面，相关配套措施包括：加强宣导以改善社会态度、减少班级学生人数、加强无障碍的学习与生活环境、促进交通与建筑的可及性；加强辅助科技的开发与应用等。⑩诚实面对问题，化解阻碍。在朝向融合教育迈进的同时，难免会遭遇波折与阻碍，应从行政上、态度上及认知上寻求解决之道。

走向完全融合的特殊教育的基本理念是"让所有儿童学习在一起，学习生活在一起"。这是一种大同世界的理想，虽不易达到，却不可轻言放弃。总结"十三五"，迈进"十四五"，江苏省特殊教育将继续坚持"以人民为中心"的指导思想，不断优化区域特殊教育发展顶层设计，逐步提升特教师资队伍水平，大力推进教育综合改革，加快"办好特殊教育"进程，更加切实有效地保障残疾儿童少年受教育权益，加快推进全省教育现代化。

［基金项目］本文系2020年江苏省决策咨询研究基地项目"江苏省特殊教育短板问题的对策研究"（立项号：20SSL122）的阶段性成果。

［课题组成员］吴武典、杨会良、沈建辉。

参考文献

［1］丁勇．"十四五"时期我国特殊教育高质量发展的思考与建议［J］．现代特殊教育，2021（7）：8-15.

［2］Wu W. T. Review on Inclusive Education in Taiwan［J］．Journal of Education Research，2005（136）：28-42.

［3］Wu W. T. Inclusive Education in Taiwan［J］．Chinese Education and Society，2007（40）：4+76-96.

［4］凌亢，等．残疾人蓝皮书：中国残疾人事业发展报告（2020）［M］．北京：社会科学文献出版社，2020.

［5］张伟锋．跨学科整合观在特殊教育发展中的实践向度探讨［C］．重庆：2019年中国高等特殊教育年会，2019.

第四篇 公共卫生安全与大学生就业

5G 技术助力江苏企业应对
重大公共卫生安全事件的研究

梅晓红 *

内容摘要： 2020 年初，新冠肺炎疫情暴发，广大企业业务受到极大影响。面对疫情的全面暴发，5G 运营商、设备商及行业应用解决方案提供商等共同联手抗击疫情，抑制疫情蔓延。江苏作为 5G 试点先行省份，通过统筹网络规划部署，推进 3 个主城区——13 个设区市——县级市——郊区和农村的精品网络建设，成为全国 5G 网络建设示范区。借助江苏 5G 网络建设优势，政府采取各种有力的措施助力企业复工复产，短期内恢复企业景气指数和企业家信心。未来，江苏企业有望通过"云桥梁"的搭建和信息的共享提高企业生存能力，通过数字基础设施和"5G+工业互联网"的建设加快转型升级，通过社会创新力量的联合推动行业——产业的融合发展，加快产业联动，促进经济高质量发展。

关键词： 公共卫生安全；5G 精品网络；江苏企业

2020 年 3 月 29 日，工业和信息化部发布了《关于推动 5G 加快发展的通知》，提出全力推进 5G 网络建设、应用推广、技术发展和安全保障，充分发挥 5G 新型基础设施的规模效应和带动作用，支撑经济高质量发展。工信部指出，5G 作为"十四五"国家专项规划，工信部将继续会同相关部门大力推进 5G 创新发展，支持各地区积极开展 5G 应用探索，助力 5G 产业发展。

5G 技术是最新一代蜂窝移动通信技术，是 4G/3G/2G 系统之后的延伸。5G 的性能目标是高数据速率、减少延迟、节省能源、降低成本、提高系统容

---

* 梅晓红，博士，南京特殊教育师范学院讲师，研究领域为区域经济。

量和大规模设备连接。与 4G 相比，5G 具有更大带宽、更高速率、更低时延、更大连接等特性，能够支持增强型移动宽带、超高可靠性低时延、海量大连接三大场景，5G 与经济社会各领域深度融合，将孕育新兴信息产品和服务。

2020 年初新冠肺炎疫情暴发，许多企业业务受到极大影响，尤其是中小企业。中欧众创平台的调查数据显示，如果没有政府和银行支持，江苏 85.01% 的中小企业维持不了 3 个月生存，如果疫情持续半年以上，90% 的企业将难以为继。面对疫情的全面暴发，5G 运营商、设备商及行业应用解决方案提供商等共同联手抗击疫情，抑制疫情蔓延，截至目前已开展十余项 5G 应用，共抗"新冠肺炎"。

基于此背景，除了全力做好企业在应对重大公共卫生事件时的疫情防控保障工作之外，如何使用新技术、创造新场景来保障各行各业平稳运行，保障各企业业务的连续性，使社会生产、人民生活受到的影响降低到可控水平已成为当前各级政府、广大企业亟须面对和解决的问题。

一、江苏 5G 组网建设现状和空间布局规划分析

近几年，国家关于 5G 研发和布局的政策频繁出台。2017 年 12 月，国家发改委印发了《关于组织实施 2018 年新一代信息基础设施建设工程的通知》，提出 5G 规模组网建设及应用示范工程，要"以直辖市、省会城市及珠三角、长三角、京津冀区域主要城市等为重点，开展 5G 规模组网建设"。《"十三五"国家信息化规划》中将"新一代信息网络技术超前部署行动"列为 12 个"优先行动"之首。江苏积极响应，在 2020 年的政府工作报告中将大力发展"5G+工业互联网"列为全年工作重点之一。

江苏 5G 建设发展思路为：一是统筹网络规划部署，将信息基础设施空间布局规划纳入城市控制性详细规划，并在相关城市建设工程中严格遵照实施，推动信息基础设施与新建建筑物同步规划、设计、施工、验收；二是推进精品网络建设，按照"南京、苏州、无锡市 3 个主城区—全省 13 个设区市主城区—县级市主城区—郊区和农村重点区域"的次序，推进 5G 网络建设；重点推进全省核心城区、重要公共场所、交通干线与重要交通枢纽、重点产业园区 5G 网络建设，

形成连续深度覆盖的 5G 精品网络。

江苏省通信管理局公布的数据显示，截至 2019 年 8 月，全省 5G 基站共计 5423 个，到 2019 年底，全省 5G 基站数超万个，2020 年 9 月底，这一数量井喷式增长到近 6.8 万个，仅 9 个月的时间，江苏 5G 基站新增数量就翻了 5 倍，数量位居全国第三，基本实现了全省 13 个设区市城区、县城、重点乡镇及高速公路、地铁等交通干线、交通枢纽、重点政府大楼、大型商场、大型医院、重点星级酒店等场所的 5G 网络覆盖，全省 5G 连接数达到 1648.6 万个，江苏 5G 发展步入了快车道。"十四五"期间，江苏将完成全省基本连续覆盖，5G 网络覆盖面和建设水平居全国第一梯队，成为全国 5G 网络建设示范区。

预计 2020 年底，5G 基站累计达 6.89 万座，5G 个人用户数超过 400 万，5G 企业用户数超过 1 万家，设备连接数达到 100 万，网络建设投入累计达 187.6 亿元。到 2022 年底，实现 5G 网络在全省城镇地区及各类产业园区连续覆盖，5G 基站累计达 16.91 万座，5G 个人用户数超过 3800 万，企业用户数超过 5 万家，设备连接数到 3000 万，网络建设投入累计达 409.5 亿元。到 2025 年底，5G 网络在全省连续覆盖，基站累计达 25.5 万座，5G 个人用户数超过 7600 万，设备连接数超过 5000 万台，网络建设投入累计达 1165 亿元①。

江苏的 5G 建设形成了省级层面高度重视、地市积极响应的良好局面。《省政府办公厅关于加快推进第五代移动通信网络建设发展若干政策措施的通知》，从空间布局规划、资源开放、产业发展、长三角一体化合作等多方面制定了 12 项政策措施推动 5G 网络建设发展。苏州、无锡、徐州、扬州、常州等地市纷纷出台各自的 5G 政策文件，加速推进 5G 网络部署。苏州率先制定了《苏州市通信专项规划（2017—2035 年）》（5G 空间布局规划），开展 5G 应用典型案例征集，率先推动 5G 产业融合发展。无锡出台了《无锡市 5G 产业发展规划（2020—2025 年）》，成为全国第一个出台 5G 产业发展规划的地级市。从 5G 空间布局来看，试点城市—全省地级市—县级市—郊区和农村的推进既兼顾了规划功能的有效实现，也考虑了规划效力和衔接的问题；从 5G 产业布局来看，体现了上游—中游—下游的完整产业链。

---

① 资料来源：《5G 产业和应用发展白皮书（2020）》。

二、江苏企业面临重大公共卫生事件时的生存现状分析

江苏是我国的经济大省，改革开放40多年以来，其不断优化经济结构，转变经济增长方式，全省的经济结构战略性调整不断向纵深推进。从经济结构来看，呈现"产业结构不断向高层次递进：经济总量上服务业占据半壁江山，增长动力上主要来自第二产业；产业结构内部不断优化：农林牧渔业多种经营均衡发展、工业中高新技术和民营经济成分不断增强、现代及新兴服务业快速发展"的特点。从企业数量分布来看，主要以第三产业中的贸易经营类企业和服务类企业为主。据不完全统计，江苏省企业总数约为238.4万家，其中生产制造类企业约为8.8万家，贸易经营类企业约为132.6万家，信息技术类企业约为6.1万家，服务类企业约为24.6万家。从对全省经济的贡献率来看（以2019年为例），一二三产业的贡献率为4.31∶44.43∶51.25①。

2020年初突发的新冠疫情对江苏经济造成了较大冲击，全省地区生产总值、一二三产业增加值均出现了较大波动，同比增速变动剧烈，第一季度全省地区生产总值同比下降5%，直到第二季度才基本持平，第三季度呈现正增长态势（见表1）。其中以农业为主的第一产业受影响较小，第一季度全省农林牧渔业总产值同比继续实现2.8%的增长，后期增幅有所收窄；受影响较为严重的是以工业为重要组成部分的第二产业，1~2月全省规模以上工业增加值同比下降17.1%，而到了3月，工业增加值即实现了正增长，得益于新基建投入步伐的不断加快，高技术制造业和装备制造业等重点领域发展态势良好，到第三季度，全省规模以上工业增加值同比增长达3.6%；全省第三产业第一季度同比增速下降2.0%，1~2月，全省规模以上服务业企业营业收入同比下降11.4%，服务业经营放缓，但现代服务业保持增长，到第三季度，生产性服务业也得到了较快增长。

---

① 根据《中国地区经济发展报告》其中关于"江苏省2019年经济运行情况"相关数据计算得到。

表1　2020 年前三季度江苏经济运行情况　　　　　　　　　　单位：亿元

指标名称　　　　　　　　时间	1~3 月	4~6 月	7~9 月
第一产业增加值	527.4	926.16	978.34
第二产业增加值	8594.6	11534.03	11801.77
第三产业增加值	11880.8	13259.93	14305.77

从受影响企业的经济类型来看，国有企业虽受到一定的影响，但总体井然有序，其他类型企业波动较大。第一季度，股份制企业工业增加值同比下降 7.2%，外商及港澳台投资企业下降 9.5%，私营企业下降 8.8%，规模以上工业企业利润总额下降 38.5%。

随着复工复产的推进，到 6 月底，该数字大幅收窄为 5.03%。截至前三季度，股份制企业、外商及港澳台投资企业和私营企业增加值同比增长 4.3%、2.0% 和 5.7%，规模以上工业企业利润总额增长 6.3%。多项指标达到或优于去年同期水平，市场活力动力增强，发展质效持续提升。

从企业景气、企业家信心指数来看，第一季度，全省企业景气、企业家信心预期指数处于微景气区间，景气预期指数环比下降 19.6 点，处于微景气区间。信心预期指数环比下降 19.8 点，处于微乐观区间，全省景气预期指数、信心预期指数高位回落。虽受疫情影响严重，但企业家对宏观经济形势的看法仍然较企业生产经营状况乐观。第二季度，随着疫情得到有效控制，企业有序复工复产进程加快，全省企业景气指数和企业家信心指数回升到相对景气（乐观）区间。企业景气指数环比上升 21.0 点，同比下降 8.3 点。企业家信心指数环比上升 19.7 点，同比下降 8.6 点。尽管第二季度企业景气指数和企业信心指数大幅回升，但仍然低于去年同期水平，企业经营状况和经济形势依然严峻。随着国内疫情得到有效控制以及复工复产稳定推进，第三季度企业景气指数和企业家信心指数大幅度回升，重返较为景气（乐观）区间，高于 2019 年同期及年末水平。企业景气指数三季度环比上升 11.7 点，同比上升 2.5 点。企业家信心指数第三季度环比上升 12.1 点，同比上升 2.9 点，企业经营状况和经济形势态势向好①。

---

① 资料来源：根据江苏省统计局统计信息整理。

从企业表现来看，在疫情冲击之下，大中小企业表现分化。许多大企业数字化转型的水平相对较高，能够快速调整生产经营策略和生产方案，对疫情负面影响的抵抗力较强。然而许多中小企业在疫情的冲击下，出现营业收入降低、复产复工困难等问题。疫情冲击下企业的分化表现，进一步彰显了数字化转型对企业特别是对中小企业的重要意义。疫情对我国企业特别是对中小企业生存发展产生了重大影响，大力发展 5G 技术，加快推动中小企业数字化转型，一方面数字化转型是响应企业现实需要，推动中小企业更好地应对不确定性冲击、赢得未来竞争力的重要途径；另一方面数字化转型是贯彻落实国家助力企业特别是中小企业疫情防控、复工复产和可持续发展的重要举措。

三、5G 技术助力企业复工复产的应用情况分析

疫情期间 5G 技术的三类典型应用包括：社会疫情防控、一线抗疫以及助力复工复产。5G 技术在社会疫情防控中的应用分为防控筛查（27.6%）和民生保障（10.3%）；在一线抗疫中的应用主要在两个领域开展了实践，分别为医学治疗（13.8%）和医疗保障（14.9%）；在助力复工复产中的应用案例主要包含两大类别，分别为复工复产创新模式（17.2%）及构筑复工新防线（16.1%）①。5G+助力复工复产典型案例如表 2 所示。5G 在助力企业有序安全的复工复产方面，涉及工业、建筑、能源、交通、教育、金融、信息、娱乐、物流等多个行业，为全社会各行各业的复工复产提供了形式多样的保障措施及新型模式，包括工作模式创新和保障措施创新。其中，工作模式创新主要是指依托 5G 技术衍生出的新型商业、生产、办公和教学模式，保障措施创新主要是指疫情期间运用 5G 技术，在企事业单位办公场所、大中小学校园开展的日常工作保障措施。

---

① 《疫情防控中的 5G 应用研究报告（2020 年）》（本文中统计数据基于 87 个典型应用案例计算得到）。

表 2　5G+助力复工复产典型案例推介

案例类型	主要内容
远程教育	网易云信携手小型企业北京柚子学琴信息技术有限公司，实现了远程音乐教学，实现了在线视频陪练、琴谱涂鸦、实时互动、直播课等丰富的在线音乐教学场景，有效解决了学校疫情期间的教学难题
5G 直播课堂	中国移动在河南省驻马店学校实现了"停课不停学"线上辅导，中国移动"名师直播课堂"远程教学平台汇集中小学全学科、全学段的精品课程资源，满足了 1866 所学校、607.1 万师生的教学需求，疫情期间，该平台开课总次数已达到 5.7 万次，累计上课时长 217.2 万分钟
运用 5G 技术实现不见面"云签约"	中国电信钦州分公司携手广西钦州华为数字小镇创新招商方式，实现 5G 云签约。签约双方仅需在安装了签字软件的手机上签字，现场的 5G 机械手臂即可同步将签名书写在合同文本上，变"面对面"招商为"不见面"招商，转"现场"签约为"云端"签约。当天，钦州市在华为数字小镇组织"云签约"项目 14 个
远程会议助力企业复工复产	中国移动利用 5G 技术助力贵州省人大与青岛西海岸新区在远程会议和网上签约。支持贵州省十三届人大常委会第十五次会议，省人大常委会 55 人在办公所在地出席会议；山东青岛西海岸新区举行"高端制造业+人工智能"重点项目"网上签约"仪式，总投资 105 亿元的 12 个重点项目在网上集中签约

资料来源：中国信息通信研究院。

5G 技术与视频会议系统、云平台和机械自动化设备融合运用，分别面向政务、工业、教育等领域提供新型办公方式，助力复工复产，通过远程实时视频会议、异地协同办公、远程教学互动等方式实现了异地远程实时办公，催生了复工复产新模式，也使 5G+远程指导方式在抗击疫情方面成为重要的保障手段。这种远程无接触的方式对于协助完成特殊时期的教育、工作等任务，起到了重要作用。一方面，基于 5G 技术助力复工复产复学，提高了用户体验。采用 5G 技术实现视频会议或云签约，在大带宽、低时延基础上保证视频会议效果，使会议开展方便、高效、不受空间限制，不仅能够有效减少会议人员的接触，而且能实现大型会议异地多人视频沟通。另一方面，借助 5G 技术提高了工作效率并降低了成本。线上教学、线上工作指导等方式不仅可减少接触，还能够在用户发现问题的第一时间得到专业协助，可以减少企业的差旅、培训费用成本，成为保障社会经济稳定发展的有效手段。

随着疫情基本得到控制，各企事业单位开始复工复产，在保证员工健康的前提下安全生产，开始稳步有序地恢复生产。5G 技术与红外热成像、无人机/车和机器人创新融合应用，减少人员接触，避免疫情传播，有效解决复工复产期间的疫情防控问题，为疫情结束后公共服务区域日常保障提供了新思路。

通过 5G 技术与红外热成像测温系统相融合，实现公共区域人员出入管理和疫情筛选排查。通过 5G 技术远程控制无人机、无人车在厂区进行消杀作业，解决疫情期间工业园区服务人员用工荒、大厂区消毒难的痛点问题。通过 5G 技术远程控制机器人、无人车等设备，实现日用品、食物、药品、货物等物品的"免接触式"配送，避免疫情传播。借助 5G 技术构筑了现场复工新防线。

四、5G 技术助力企业创新模式和共享机制建设

得益于 5G 技术的高速传输、高可靠性及低时延特点，此次疫情防控工作的快速响应能力、全过程监控能力、数据收集及分析能力、远程协同能力、资源统筹能力等都较以往类似事件获得大幅度提升，也使建立信息化、智能化、基于云技术与大数据的创新型公共事件应急系统平台成为可能。受 5G 技术在公共卫生事件管理中的应用启发，其他相关产业也可能依托于 5G 的普及催生出各种创新应用商业模式，通过社会创新力量的联合推动行业—产业的融合发展。同时，通过信息开放共享机制的建设，提高企业生存能力，加快产业联动，促进经济高质量发展。

一是建立疫情监控平台，细分相关产业。5G 技术的高速数据传输及分析能力可将多个数据入口碎片化的海量监测数据（如热影像数据、面部识别数据、人员身份信息、物资运送位置、人群活动轨迹数据等）进行实时整合，通过大数据分析和机器学习等手段，对潜在感染人群进行智能化筛查，在提高监测精度和效率的同时，减少繁重的人工排查工作量。通过 5G 互联，各种创新疫情监控工具的诞生成为可能，包括 5G 防疫巡检无人机和 5G 智能防疫机器人等。同时，5G 技术在疫情监控平台的运用也催生了更高效的智慧城市管理模式，如智慧交通、智慧市政、智慧安防、智慧环保，也为城市管理者提供了平台化管理的新思路。在 5G 和大数据技术的加持下，政府能打通资源和信息壁垒，提高决策效率，增强调配资源的协同能力，以更好地满足居民生活需求和产业发展诉求。相关细分

产业如网络基础设施生产及铺设、智能数据采集设备、高清影像记录系统、政企服务平台软件开发、多源数据分析、远程控制与检测等将迎来新的发展契机。

二是建立远程诊疗平台，实现行业间融合发展。5G 高速传输的特性将诊疗过程延伸至社区、居民家中，实现患者与医生的远程互动，5G 与社区、家庭诊疗系统结合，能实现高清视频的线上问诊及影像资料的传输，为患者进行初步的筛查诊疗。此外，5G 的低时延特性未来能使医生远程操控手术机器人在异地实施线上手术，并减少现场感染的风险，最大化医疗资源的使用效率。最后，充分利用 5GMEC 能力，可以提供实时计算、低时延的云医疗服务。5G+医疗可以实现服务业和制造业的一体化融合，一方面可以提升生产和服务的效率，另一方面也可更好地对接需求，从而助力培育现代产业体系、实现高质量发展。远程医疗应用场景包括远程会诊、远程超声、远程手术、应急救援、远程示教和远程监护等。院内应用场景包括智慧导诊、移动医护、智慧院区管理等。未来，这些智慧医疗场景都可以依靠 5G 网络的建设得到更广泛的应用。5G 技术的低时延特性除了可以实现远程诊疗外，也为偏远、危险、复杂环境下的远程作业提供了想象空间，如智能驾驶、远程设备维保服务、恶劣气候环境监测、电网铁路公路养护巡逻等。

三是建立救灾调配平台，提高企业生产效率。基于物联网（IoT）的 5G 救灾物资调配平台，一方面，能迅速打通供给和需求端的信息壁垒，挖掘供应链底层数据，对前线物资消耗、物资紧缺情况、生产能力、供给能力、物流等数据进行更高频率和更深层次的采集、追踪及匹配，最大化平衡供需关系。通过智能物流配送工具，如将 5G 和人工智能、自动驾驶等技术结合的 5G 智能物流车，能够解决疫情之下最后 500 米内的配送难题，确保救灾物资和社会资源落到实处。另一方面，也为供应链的转型升级提供了新方向。在生产端，制造型企业可以通过 5G、物联网、AI 及产业机器人等高科技手段实现无人生产、AI 产线调整、自动故障诊断及排除，以此提升生产线的灵活性和可靠性，实现柔性生产。同时，运用基于大数据的智能效率分析软件将极大地提升生产效率，挖掘产能潜力，降低单位制造成本。5G 的无线属性也降低了工厂和生产线的智能化改造难度，并节约了基础设施铺设成本。在物流端，5G 技术对物流行业、快递行业、供应链整合服务平台等资源分配型行业产生了深远的影响，基于物料运输的更多创新服务模式如智能物流路径规划、全程实时货物跟踪、基于大数据的物流配送网络设计、远程库存管理、无人仓储收发等可能成为下一轮市场讨论的热点。

四是建立高效、多向的信息交换与共享体系，加强产业联动。应对新冠肺炎疫情这种涉及多部门、多领域、多地区和社会大众的突发重大危机事件离不开跨领域、跨部门的协同共治，而让各部门及时掌握关键信息则是协同共治的必要前提，这就要求必须首先实现跨领域、跨部门的信息交换与共享。一要完善政府部门内部的垂直信息报送系统；二要建立政府部门间的横向信息交换与共享体系，以及政府与社会大众、私营机构间的信息交换与共享体系，使关键信息能在第一时间通达各部门。此外，在面对重大突发公共卫生事件时，企业要提高生存能力，除与政府间的信息交换和共享外，还必须借助 5G 技术，大力发展产业互联网，使企业不再羁于行业、地域等因素带来的条块分割，产生越来越多的关联融通，通过跨界地带产生的创新空间，实现数字生态共同体。一方面，企业应充分利用以互联网代表的数字化技术，构建适应大科学、大数据和跨领域协同合作需要的科研创新生态和共享服务平台，加强对人员、知识、设备等各种资源的跟踪、管理、协调和共享的能力，提高信息化运行效率。另一方面，企业应站在提升整体竞争力的角度，按照合理分工协作的原则，细化合作内容，开展业务协同合作，共同制定促进分工的要素配置政策、利益分享机制，加强产业联动，促进优势产业高质量发展，从而加快产业链和供应链的构建。

五、5G 发展助力江苏企业应对重大公共卫生事件的对策建议

企业在面临重大公共卫生事件时，如何打赢一场没有硝烟的战争，及时复工复产，保持企业的业务连续性，最大限度地降低事件对企业经营状况的影响，这不仅是企业关注的问题，也是全社会关注的问题。江苏作为 5G 试点先行省份，成立了江苏 5G 产业联盟和联合创新实验室，未来在 5G 基础通信能力、车联网、工业互联网、网络安全等领域，可以从企业需求出发，借助 5G 技术助力企业生存和发展。

（一）搭建"云桥梁"，助力企业防疫防控

在面临重大公共卫生事件时，无论政府、企业还是个人，首要考虑的是防疫防控和保障人身安全，而信息通信服务保障是这场战斗的重要支撑，应充分利用大数据支撑疫情研判、风险预警和防疫管理，利用 5G 技术搭建"云桥梁"全力支撑打赢疫情防控阻击战。一方面，企业可以借助 5G 技术搭建防疫云平台，利用智能手段协助企业进行员工防疫管理，并提供专业有效的防疫筛查方式，如通过口罩精准识别、防疫信息收集、隔离区域监控等方式做好企业生产期间的防疫防控工作；另一方面，企业可以基于工业互联网 5G 技术搭建防控解决云方案，通过远程影像诊断和协同服务、云端监控、疫情防控大数据公共服务等解决方案提升突发事件的响应能力，助力政府和企业加强疫情防控。

（二）信息共享共建，助力企业复工复产

疫情发生后，江苏省迅速印发《关于做好疫情防控期间企业复工工作的通知》《工业企业疫情防控卫生学技术指南（试行）》，传达安全复工和疫情防控要求，让企业安全复工有了"参照系"。从 2020 年 2 月 10 日全省正式复工到 4 月，全省规模以上工业企业复工面已经提升至 99.7%，重点产业链复工面 95% 以上。如何帮助企业在复工复产中破解难点、打通堵点，需要建立人员、资金、技术的共享共建机制，并借助 5G 技术搭建信息共享平台。人员共享方面，对于企业特别是技术要求比较低或者劳动密集型的，通过平台信息共享实现员工"跨界"支援，减轻复产压力；对于待就业人员或因重大卫生事件被下岗人员，通过平台信息共享实现特殊时期的再就业，减轻生活压力。企业需要"借兵"救场，以减轻复产压力，为企业复工复产增添动力。加强信息对接、做好优质服务、完善用人制度成为保障共享员工的重点。资金共享方面，除借助银行业务平台，打通便捷、高效的贷款通道外，在隔离状态下，借助共享平台的信息整合、分类能力，通过大数据智能分析，使资金出借信息和需求信息能够被主动、精准地推送到需要的企业和个人。技术共享方面，一是通过人员共享实现资源和技术的补位、聚合，促进复工复产；二是通过信息共享平台实现线上技术培训，助力员工技能提升或储备；三是通过云上技术咨询，支持实现远程问题定位、解决、维运。

（三）统筹5G+工业互联网建设，助力企业转型升级

2019年的"两会"提出，要推进信息网络等新型基础设施建设，2020年的政府工作报告指出，要打造更加全面的"发展工业互联网"，江苏省政府工作报告也将大力发展"5G+工业互联网"，加快推动产业转型升级，作为2020年的工作重点任务之一，可见，加快网络建设，推动工业化和信息化融合，有助于企业转型升级，促进向"江苏智造"转变。首先，要通过5G+工业互联网的建设整合资源，以平台支撑驱动创新。企业特别是中小企业利用互联网信息技术、大数据解析、信息整合等手段，可以降低信息交易成本，提高资源利用能力，有助于企业转型升级。其次，要通过数字化改造，全面优化生产流程。一是利用信息技术串联企业内部生产流程各节点，实现企业生产全面可视化；二是搭建企业内部数据共享平台，全面优化企业生产管理。最后，要基于5G+工业互联网的建设打通产业链，实现供需高效对接。一是加快企业间信息流通，加快产业链整合；二是向外拓展发展空间，倒逼企业转型，实现需求端、设计端、生产端高效对接，有效降低运营成本与风险。

（四）加快数字基础设施建设，助力企业数字化升级

2018年10月，习近平总书记在广东考察时指出："实体经济是一国经济的立身之本、财富之源。""经济发展任何时候都不能脱实向虚。"作为融合的产物和载体，产业互联网为实体经济高质量发展提供了技术条件，在产业互联网时代，传统企业将替代互联网公司成为真正的主角，而作为"数字化助手"的互联网公司，将助力各实体产业迅速发展。目前要推动互联网、大数据、人工智能与实体经济深度融合，应从供给端着力，不断升级数字基础设施、数字化产品和服务质量。一是加快推进新基建建设。稳步推动5G网络建设和商用部署，促进"5G+"垂直行业融合应用；加快推动工业互联网网络、标识解析、平台和安全的创新发展；优化云计算、数据中心等资源布局，降低企业数字化转型的壁垒。二是推动数字化工具创新升级。支撑通信、计算、分析和服务等领域数字化相关产品开发，培育一批细分领域的创新型企业，构建基础性、通用性产品体系，为企业数字化转型提供低成本、适用的数字化产品、工具和服务。三是培育数字化

解决方案供应商。针对不同行业中企业的需求场景，面向重点行业培育一批数字化解决方案供应商，支持研发有针对性、普惠性的数字化解决方案。

六、结语

突发的疫情对江苏经济造成了较大冲击，这种冲击在三大产业中的表现存在明显差异，加大了经济发展目标实现的难度，但在政府宏观引导，政策精准帮扶下，江苏企业在短期内实现了全面复工复产，并借助网络技术优势将疫情的影响降到最小限度。企业在应对重大公共卫生事件时，除政府政策支持外，统筹推进网络建设、试点应用、公共资源开放和配置等，发挥省市 5G 产业联盟作用，加强组织协调推进，通过 5G 网络部署和应用场景创新，这些都有助于企业存续能力和转型升级的提升。

［基金项目］本文系江苏共享发展研究基地开放课题"5G 技术助力江苏企业应对重大公共卫生安全事件的研究"（编号：20gxjd07）的阶段性成果。

参考文献

［1］陈慧，葛飞，杨乐，等.5G 产业和应用发展白皮书（2020）［Z］.南京：中通服咨询设计研究院有限公司，江苏省 5G 产业联盟，2020.

［2］陈颖，孙小芹，于海洋.江苏 5G 发展现状及下一步思考［J］.信息通信技术与政策，2020（2）：6-9.

［3］郭良涛.后疫情时代中小企业数字化转型面临的机遇、挑战及对策［J］.信息通信技术与政策，2020（10）：63-66.

［4］黄群慧.新冠肺炎疫情对供给侧的影响与应对：短期和长期视角［J］.经济纵横，2020（5）：2+46-57.

［5］江苏省人民政府.全面推进制造业复工复产加大企业帮扶纾困力度新闻

发布［EB/OL］．（2020-4-15）［2020-11-15］．http：//www.jiangsu.gov.cn/art/2020/4/15/art_ 46548_ 166.html.

［6］唐川，李若男．信息科技在新冠肺炎疫情防控中的应用分析与探讨［J］．世界科技研究与发展，2020，42（4）：426-438.

［7］5GAIA，CAICT．疫情防控中的5G应用研究报告［R］．5G应用产业方阵（5GAIA），中国信息通信研究院，2020.

［8］邬璟璟，徐文斌，刘雅埧．智能经济应对重大公共卫生危机的机制与作用［J］．当代经济研究，2020（6）：105-112.

［9］中国江苏网．复工复产跑出"加速度" 江苏规上工业企业复工率99.7%［EB/OL］．（2020-04-15）［2020-11-15］．https：//baijiahao.baidu.com/s？id=1664006089780375822&wfr=spider&for=pc.

［10］朱军．减低"新冠肺炎疫情"影响的公共对策研究［J］．公共财政研究，2020（1）：4-12.

离校未就业大学生就业帮扶体系研究调查报告

于 莉[*]

内容摘要： 为贯彻落实中央"六稳""六保"指示要求，在常态化疫情防控中，实现大学毕业生更高质量和更加充分就业，可将区块链技术引入离校未就业大学生就业帮扶体系中。本文通过对江苏省离校未就业大学生就业帮扶体系现状进行分析，运用区块链技术着重从政府、高校、社会（用人单位和中介）、离校未就业大学生及其协调联动等几个方面，尝试性地完善离校未就业大学生就业帮扶服务体系，并提出如下对策建议：运用区块链技术构建离校未就业大学生就业帮扶信息平台，加强顶层设计；构建三位一体的离校未就业大学生帮扶体系，合力帮助大学生就业；高校运用霍兰德职业类型论进行职业定向，帮助离校未就业大学生做好职业规划；实战辅导，适时总结，助力离校未就业大学生就业；构建就业能力提升平台，健全追踪反馈机制；借助朋辈的力量，加强就业朋辈帮扶引导。

关键词： 离校未就业大学生；就业帮扶；区块链技术

一、问题的提出

2020 年我国经济增长缓慢，就业形势严峻，但全国大学毕业生创新高，达到 874 万人，江苏省高校毕业生人数也创纪录达 58.4 万，大学毕业生离校未就

---

* 于莉，女，副研究员，南京特殊教育师范学院马克思主义学院教师。

业现象较为严重，离校未就业毕业生的就业指导工作已经成为高校就业指导的重要内容。李克强总理强调："就业是最大的民生，对于一个家庭来说是天大的事情。"2020 年全国大学毕业生无论数量还是增量均创新高，达到 874 万人，要让他们成为"不断线的风筝"，李克强总理要求近两年都要持续提供就业服务。为贯彻落实中央"六稳""六保"指示要求，实现大学毕业生更高质量和更加充分就业，本文以 T 学校为例进行研究。

T 学校位于江苏省内，生源分布于全国各地，2020 年共有毕业生 1765 人，根据江苏省 91Job 智慧就业平台 T 学院分站 2020 届毕业生招聘数据，截至 6 月12 日毕业生离校时，该校的就业率不足 10%，就业率为 8.37%，严重落后于江苏省的其他高校，就业形势严峻，迫切需要对离校未就业大学生进行就业帮扶。本文课题组根据 T 学校离校未就业大学毕业生的第一手资料，包括江苏省 91Job智慧就业平台 T 学院分站 2020 届毕业生招聘数据、离校未就业学生家长、T 学校 2020 届离校未就业毕业生，从中分析离校未就业大学生就业帮扶的现状及其帮扶体系存在的问题，深入剖析离校未就业大学生就业困难的制约因素及其影响，运用区块链技术着重从政府、高校、社会（用人单位和中介）、离校未就业大学生及其协调联动等几个方面，尝试性地完善离校未就业大学生就业帮扶服务体系，提出了一些行之有效的措施。

二、相关文献述评

本文通过 CNKI 对"离校未就业大学生""就业帮扶"两个关键词进行高级检索仅有 0 篇论文，随后对"大学生""就业帮扶"两个关键词进行高级检索仅有 15 篇论文。国内学者主要从以下几个方面对大学生就业帮扶体系进行研究与探讨：一是关于大学生就业帮扶现状的研究。李志锋（2016）认为，大学生就业帮扶现状存在的问题主要包括：就业帮扶概念模糊，就业帮扶实施主体联动性不强，就业措施单一且零散，伪就业比较普遍。二是关于大学生就业歧视问题的研究。黄朝文和陈智旭（2012）认为，大学生就业歧视主要包括户籍歧视、性别歧视、年龄歧视、学历歧视、健康歧视、相貌和身高歧视、经验和履历歧视、地域和姓氏歧视。三是分类别对大学生就业帮扶的研究。吴建雄和陈智旭（2012）对学业困难大学生就业帮扶的对策进行了研究；陈楚玲和陈智旭（2012）对心理贫困大学生就业帮扶的对策进行了研究；刘帅武等（2018）对农村建档立卡贫困家庭大学生就业帮扶的对策进行了研究；刘晓艳（2013）对残疾大学生就业帮扶的对策进行了研究。由此可见，大学生就业帮扶研究目前是研究热点。

本文的理论设想是运用区块链技术构建就业帮扶体系，此体系是一个集管理、服务、教育、研究于一体的开放性的系统工程，由政府宏观调控，以高校为依托，以社会（企业和中介）为补充，针对离校未就业大学生就业而形成的一个分工不同而又相互制约的就业帮扶体系，其基本要素是政府、高校、社会（企业和中介）和离校未就业大学生。本文的研究目的是，最终在万物互信的条件下实现万物共享，在万物互换的条件下达到人尽其用，实现有限的大学生人力资源绿色可持续发展。

三、研究对象和研究方法

本文的研究对象为 T 学院离校后仍未就业的大学毕业生。T 学校位于江苏省内，生源分布于全国各地，2020 年共有毕业生 1765 人，根据江苏省 91Job 智慧就业平台 T 学院分站 2020 届毕业生招聘数据，截至 6 月 12 日毕业生离校时，该校的就业率不足 10%，就业率为 8.37%，共 1617 位大学生未就业。此类大学生未就业原因各异，如多重来源的心理压力、多样性的个人职业定位等，他们既是高校就业服务的重点关注对象，也是高校毕业生就业工作的重点难点。

本文数据调查主要通过问卷调查和个别访谈的方式展开。因毕业生分布在全国各地，本文问卷调查通过线上调查的方式，采用自制的《离校未就业大学生就业帮扶体系研究调查问卷》，发出调查问卷 520 份，实际回收问卷 500 份，有效问卷 500 份，有效率为 96.2%。个别访谈是以毕业班辅导员或毕业班班主任推荐的离校未就业大学生为首批调查对象，然后由这些离校未就业大学生再介绍他们的家长和其他未就业的大学生，再调查第二批、第三批，共调查 50 人（这种抽样方法为非概率抽样或滚雪球式抽样）。在访谈的过程中，由被访谈者选择他们认为合适的场所（包括线上或电话）和时间接受访问，根据自制的《离校未就业大学生就业帮扶体系研究访谈提纲》自由交谈，填写调查表格，根据录音或回忆作详细的访谈记录。本文采用问卷调查和抽样访谈相结合的方式调研离校未就业大学生，通过对学生和家长作答数据的统计分析，在此基础上对江苏省离校未就业大学生就业帮扶体系的现状、存在的问题进行表述，并提供数据支持，为完善江苏省大学生就业服务体系提供借鉴和思考。

四、研究的结果与分析

（一）离校未就业大学生就业困难的原因

1. 社区服务离校未就业大学生缺位

15.48%的离校未就业大学生就业困难的原因是社区服务缺位，据调研，社区服务离校未就业大学生缺位远不止这一比例，这也从一个侧面反映了，很大一批离校未就业大学生没有向社区求助的意识，离校未就业大学生并没有得到社区足够的就业帮扶。

2. 专业设置与社会需求符合度不高

34.52%的离校未就业大学生就业困难的原因是专业设置与社会需求符合度不高，这是在求职过程中离校未就业大学生的真实感受。这就要求高校在专业设置时，尽可能地贴近社会需求。这也从一个侧面反映出离校未就业大学生的就业指导工作做得不到位，毕业生完全可以先就业再择业，专业对口固然好，但也不必非要盯着专业对口的工作岗位，可以先就业，以后有机会再择业。

3. 家庭干预较多

11.9%的离校未就业大学生就业困难的原因是家庭干预较多，这就要求高校在指导大学生就业的同时，也不要忘记引导家长，家校合力，共同促进离校未就业大学生高质量充分就业。

4. 个人就业定位不准确

39.29%的离校未就业大学生就业困难的原因是个人就业定位不准确，这反映了高校对离校未就业大学生就业帮扶不到位、不充分和不精准。

5. 就业畏难心理

20.24%的离校未就业大学生就业困难的原因是就业畏难心理，这就需要高校和家庭对离校未就业大学生进行心理疏导，为离校未就业大学生加油打气。

6. 缺乏求职技巧

35.71%的离校未就业大学生就业困难的原因是缺乏求职技巧，这再次从一个侧面反映了高校对离校未就业大学生就业帮扶不到位、不充分和不精准。

7. 就业技能不足

41.67%的离校未就业大学生就业困难的原因是就业技能和能力不足，位居离校未就业大学生就业困难原因之首，这也从一个侧面反映了，学校对离校未就业大学生离校后继续进行专业辅导的紧迫性和重要性。

8. 其他

有个别离校未就业大学生就业困难的原因是"因疫情无法出门"，这也反映了高校就业指导范围没有达到全覆盖。

（二）离校未就业大学生对政府、社会、高校、同学就业帮扶的满意度

1. 离校未就业大学生对政府就业帮扶的满意度

本文以"您对政府支持大学生就业政策的满意度？"为题，调查了离校未就业大学生对政府就业帮扶的满意度。由表1可知，选择"不太满意"和"不满意"的有9.4%，这说明有一小部分的离校未就业大学生对政府就业帮扶持期待态度；同时，有44.2%的离校未就业大学生选择"非常满意"和"比较满意"，这一数据反映了将近一半的离校未就业大学生对政府就业帮扶持肯定态度，这也说明江苏省政府出台的大学生帮扶政策如《关于促进2020年高校毕业生就业创业的若干措施》《战疫情促就业　十万研究生宁聚行动方案》等政策不仅得到了落实，而且得到了大学生的肯定。本文调研组对一部分离校未就业大学生及其家长进行了访谈，进一步了解到离校未就业大学生及其家长对政府就业帮扶的期待主要集中在就业政策支持、就业信息共享和提供就业实习岗位这三个方面。

表 1　离校未就业大学生对政府就业帮扶的满意度

满意度	频率	百分比（%）	有效百分比（%）	累计百分比（%）
非常满意	42	8.4	8.4	8.4
比较满意	179	35.8	35.8	44.2
一般	232	46.4	46.4	90.6
不太满意	26	5.2	5.2	95.8
不满意	21	4.2	4.2	100

2. 离校未就业大学生对社会就业帮扶的满意度

本文以"您对社会供给大学生就业岗位的满意度？"为题，调查了离校未就业大学生对社会（用人单位和中介）就业帮扶的满意度。由表2可知，有32.6%的离校未就业大学生对社会提供给大学生的就业岗位"非常满意"和"比较满意"，但对社会提供给大学生就业岗位满意度很高的大学生仍未就业，这也从侧面说明了，大学生未就业的主要原因是个人因素，如就业畏难心理、个人就业定位不准确、缺乏求职技巧和就业技能不足等；选择"不太满意"和"不满意"的有9.6%，这说明社会包括用人单位和中介对离校未就业大学生的就业帮扶仍有提升空间。本文调研组对一部分离校未就业大学生及其家长进行了访谈，进一步了解到离校未就业大学生对社会就业帮扶"不满意"和"不太满意"主要体现在就业信息共享和岗位培训这两个方面。

表 2　离校未就业大学生对社会就业帮扶的满意度

满意度	频率	百分比（%）	有效百分比（%）	累计百分比（%）
非常满意	26	5.2	5.2	5.2
比较满意	137	27.4	27.4	32.6
一般	289	57.8	57.8	90.4
不太满意	37	7.4	7.4	97.8
不满意	11	2.2	2.2	100

3. 离校未就业大学生对高校就业帮扶的满意度

本文以"您对我校就业服务的满意度？"为题，调查了离校未就业大学生对高校就业帮扶的满意度。由表3可知，有44.2%的离校未就业大学生对高校的就业服务"非常满意"和"比较满意",这和高校各级领导、老师的辛勤工作是分不开的,由 2020 年 6 月 12 日 2020 届毕业生离校时 T 学校就业率不足 10%,到本文调查组 9 月 14 日问卷调查时就业率已达到 63.12%,T 学校节节攀升的就业率也能从侧面反映出大学生对 T 学校就业工作的满意度;但仍有 6.4% 的离校未就业大学生选择"不满意"和"不太满意",这也与我国大学生就业主要由高校直接引导有关。本文调研组对一部分离校未就业大学生及其家长进行了访谈,进一步了解到离校未就业大学生及其家长对高校就业帮扶的期待是就业信息共享和持续的就业指导。

表 3 离校未就业大学生对高校就业帮扶的满意度

满意度	频率	百分比（%）	有效百分比（%）	累计百分比（%）
非常满意	37	7.4	7.4	7.4
比较满意	184	36.8	36.8	44.2
一般	247	49.4	49.4	93.6
不太满意	21	4.2	4.2	97.8
不满意	11	2.2	2.2	100

4. 离校未就业大学生对同学就业帮扶的满意度

本文以"您对同学提供的就业帮助的满意度?"为题,调查了离校未就业大学生对同学就业帮扶的满意度。由表 4 可知,有 40% 的离校未就业大学生对同学的就业帮助"非常满意"和"比较满意",说明同学们在面临就业这一人生大事时,能够互帮互助、互通有无,得到了离校未就业同学们的肯定;有 7.4% 的离

表 4 离校未就业大学生对同学就业帮扶的满意度

满意度	频率	百分比（%）	有效百分比（%）	累计百分比（%）
非常满意	32	6.4	6.4	6.4
比较满意	168	33.6	33.6	40
一般	263	52.6	52.6	92.6
不太满意	21	4.2	4.2	96.8
不满意	16	3.2	3.2	100

校未就业大学生选择"不满意"和"不太满意"。本文调研组对一部分离校未就业大学生进行了访谈，进一步了解到离校未就业大学生对同学就业帮扶的期待是就业信息共享、求职经验分享这两个方面。

（三）离校未就业大学生就业帮扶体系的现状

1. 离校未就业大学生就业帮扶体系的信息管理平台建设滞后

据调研，目前江苏省一体化人社信息平台还没有建成，虽然政府出台了很多帮助大学生就业的惠民政策，但因申报平台并不是专门的大学生就业帮扶 APP，很多离校未就业大学生因关注不够，错失了政策红利的获得。例如，南京市政府出台的《战疫情促就业　十万研究生宁聚行动方案》，符合条件的离校未就业大学生要在"我的南京"手机 APP—"智慧人社"—"就业服务"—"见习培训报名"在线申请见习单位。

2. 就业帮扶实施主体联动性不强，公共就业服务体系尚未形成合力

据调研，政府、高校、社会各自为离校未就业大学生开展就业帮扶工作，出现了许多重复的帮扶措施，如政府和高校都对离校未就业大学生提供了就业指导，政府和社会都对离校未就业大学生提供就业实习岗位，社会和高校都对离校未就业大学生提供了岗位培训，但就业帮扶实施主体（政府、高校、社会）联动性不强，就业帮扶措施零散，没有达到全覆盖，存在就业帮扶死角，公共就业服务体系尚未形成合力。

3. 社区对离校未就业大学生的就业帮扶缺位

2020 年新冠肺炎疫情是中华人民共和国成立以来我国遭遇的传播速度最快、感染范围最广、防控难度最大的重大突发公共卫生事件。在以习近平同志为核心的党中央的坚强领导下，经过全国上下和广大人民群众艰苦卓绝的努力，疫情防控取得了重大战略成果，其中，社区防控是疫情防控最基础、最重要、最艰巨的工作，是推动防控措施责任落实到"最后一公里"的地方。

然而在离校未就业大学生就业帮扶工作中，据调研，社区服务离校未就业大学生缺位严重，本文调查组通过问卷调查的方式得知，15.48% 的离校未就业大学生就业困难的原因是社区服务缺位，这也从一个侧面反映了，很大一批离校未就业大学生没有向社区求助的意识，离校未就业大学生并没有得到社区足够的就业帮扶。

4. 离校未就业大学生缺少科学的职业规划，就业定位不准确

本文调查组通过问卷调查的方式得知，39.29%的离校未就业大学生就业困难的原因是个人就业定位不准确，这既反映了离校未就业大学生缺少科学的职业规划，就业定位不准确，也反映了高校对离校未就业大学生就业帮扶不到位、不充分和不精准。

5. 学校对离校未就业大学生就业能力关注不够，追踪反馈机制不健全

据调研，41.67%的离校未就业大学生就业困难的原因是就业技能和能力不足，位居离校未就业大学生就业困难原因之首，这也从一个侧面反映了，学校对离校未就业大学生离校后继续进行专业辅导的紧迫性和重要性，同时也反映了学校对离校未就业大学生就业能力关注不够，追踪反馈机制不健全。

6. 高校毕业生找工作各自为战，缺少朋辈帮扶

在离校未就业大学生对同学就业帮扶的满意度调查时，有7.4%的离校未就业大学生选择"不满意"和"不太满意"。本文调研组对一部分离校未就业大学生进行了访谈，进一步了解到离校未就业大学生对同学就业帮扶的"不满意"或"不太满意"的地方是就业信息共享、求职经验分享这两个方面。

现阶段，高校毕业生找工作各自为战，缺少朋辈帮扶，离校未就业大学生希望找到工作的同学可以共享就业信息、分享求职经验。同样的年龄、同样的学历背景、相似的求职经历，求职成功的同学如果可以给未就业的学生分享求职经验，就可以对离校未就业大学生求职起到事半功倍的效果。

五、完善离校未就业大学生就业帮扶体系的对策

1. 运用区块链技术构建离校未就业大学生就业帮扶信息平台，加强顶层设计

2019年10月24日，中共中央总书记习近平在主持区块链技术发展现状和趋势进行第十八次集体学习时指出，区块链技术应用已延伸到数字金融、物联网、智能制造、供应链管理、数字资产交易等多个领域，要探索"区块链+"在民生领域的运用，积极推动区块链技术在教育、就业、养老、精准脱贫、医疗健康、商品防伪、食品安全、公益、社会救助等领域的应用，为人民群众提供更加智能、更加便捷、更加优质的公共服务。

2020 年 8 月 12 日，区块链产业发展大会在南京举行，市政协主席刘以安出席并致辞，会议发布了区块链技术公约。南京市高度重视区块链技术创新和产业发展，在"五个度"上下功夫、求突破。一是加快技术研发进度；二是加大产业培育强度；三是增强应用场景黏度，推动区块链技术融入现实生活；四是提升人才培育速度；五是加大保障扶持力度。

区块链的提出始于 2008 年 10 月 SatoshiNakamoto 通过网络邮件列表发表的一篇文章。在文章中，他详细介绍了世界上第一个区块链设计，希望实现公共数据库每隔 10 分钟能在数千台计算机上进行同步分发，任何人都可以访问，但任何人都无法破解。在区块链技术出现之前，都是"点对点现金交易"。区块链技术改变了这一现状，作为比特币的底层技术，将比特币的每次转让都写入"分布式账本"，由于数字和密码学法则，它的保密性更强。

区块链的特点包括点对点交易、安全系数高、信息透明化、信任度高、用户具有自我主权、匿名性保护。

江苏省政府可通过政府购买公共服务的方式，将江苏省高校离校未就业大学生就业帮扶信息平台，定向委托给如南京安链数据科技有限公司等科技公司建设，加强顶层设计。南京安链数据科技公司有过硬的技术和成功的经验，已成功建设了"链通万家"的基于区块链技术的小区自治应用平台，在南京市江北新区应用良好，受到物业和业主的好评。

有了专门的江苏省离校未就业大学生就业帮扶区块链信息平台，去中心化、可信度高、透明度高，离校未就业大学生关注度高，可以有效地提高离校未就业大学生的就业率。

2. 构建三位一体的离校未就业大学生帮扶体系，合力帮助大学生就业

江苏省教育厅可将每年各高校的录取名单、生源地、性别等大学生的基本信息采集至区块链；各高校教务处、学工处、团委、校医院等部门可将本校学生在校的学年成绩、获奖情况、干部履历、健康情况等信息采集至区块链；高校大学生可将本人的性格、爱好、求职意愿、实习经历等情况采集至区块链，也可通过区块链的信息公开和校务事项投票表决等功能，有效行使监督学校的权利，这也在一定程度上保证了学生对学校事务的参与权和决策权；用人单位可将本年度招聘岗位、用工要求等情况录入区块链。这些数据是政府分配各专业招生指标直接的参考数据，也为高校培养目标的制定提供依据，同时高校大学生可以直接检索到求职信息，提高求职效率，减少求职成本。

大学生离校后，分布在全国各地，要动员社区网格员参与到离校未就业大学生就业帮扶工作中来，将本辖区离校未就业大学生的居民信息数据化，采集至江苏省高校离校未就业大学生就业帮扶区块链中。也可请负责就业的相关政府机关干部下沉社区担任"一日就业网格员"，既充实了基层网格服务力量，又实现了就业帮扶"零距离"，能够进一步提高离校未就业大学生对政府就业帮扶的满意度。

要运用区块链技术，构建集政府、高校、用人单位三位一体的离校未就业大学生帮扶体系，增加就业帮扶实施主体的联动性，合力帮助大学生就业。

3. 高校可运用霍兰德职业类型论进行职业定向，帮助离校未就业大学生做好职业规划

霍兰德的职业类型论被看作特质因素的延伸，它统整了我们对职业意图、职业兴趣、人格与工作史的知识。他认为，个人的行为取决于性格与环境的相互作用，他把大多数人归纳为 6 种类型：实际型（R）、研究型（I）、艺术型（A）、社会型（S）、企业型（E）以及事务型（C）。

高校职业指导师可以指导毕业生进行霍兰德职业类型测定，帮助离校未就业大学生进行职业定向，并将信息采集至区块链中，使毕业生明确自己的性格更适合什么样的工作，进而帮助离校未就业大学生做好职业规划，同时也可使用人单位更了解毕业生的性格特点，以补充高校大学生自己在区块链中录入信息的主观描述。

4. 实战辅导，适时总结，助力离校未就业大学生就业

由政府搭台，邀请相关专业用人单位 HR、人力资源专家、职业指导师等作为专家团，实时在线对离校未就业大学生进行针对性指导。就业难只是表象，通过对区块链中离校未就业大学生数据的了解及"面诊"后，找到原因，由专家团队提出建议，并制成一份"就业建议书"，围绕本人霍兰德职业类型与哪类工作单位匹配、本人专业履历与哪些工作岗位匹配、目前需要克服的就业问题等，给出合理性的建议，进行"一人一案"的精准性就业帮扶，促进离校未就业大学生就业。

实战辅导工作可长期进行，待积累到一定量的样本数据后，可整理出一本针对离校未就业大学生就业帮扶的电子"白皮书"，由政府相关部门采集至区块链，供以后毕业生参考，对号入座，根据帮扶方案，解决自己的就业难题。

5. 构建就业能力提升平台，健全追踪反馈机制

根据离校未就业大学生个人申报和实战辅导等区块链数据，判断离校未就业

大学生是否存在个人就业定位不准确、就业畏难心理、缺乏求职技巧、就业技能不足等情况，健全追踪反馈机制，全方位地关注离校未就业大学生就业，做到心中有数据，就业帮扶有依据。

构建就业能力提升平台，比如利用各高校的继续教育学院实行有针对性的线上或线下的就业教育，以帮助本校离校未就业大学生就业；再比如，地方政府每年开办大学生就业创业特训营，把就业能力欠缺的本地生源离校未就业大学生集中起来，进行为期 1 个月的封闭训练，进而安排去各类机关、企业等用人单位进行见习、实习，以期帮助离校未就业大学生了解社会、了解工作岗位和掌握多种工作技能。地方政府组织动员相关企业、科研机构、科研院所等用人单位，面向离校未就业大学生提供"就业见习岗位"，并通过发放见习补贴、奖励留人主体、加大创新扶持等措施，吸引离校未就业大学生通过来江苏见习，使更多的大学生在江苏成功就业、创业。

6. 借助朋辈的力量，加强就业朋辈帮扶引导

高校可以利用区块链中的数据，请成功就业的同学召开专题讲座，指导离校未就业大学生就业，相似的求职经历，可以更好地起到朋辈帮扶的作用。

利用校友资源帮扶离校未就业大学生，校友资源是地方政府和高校共同的战略资源与宝贵财富，江苏作为中国高等教育资源最丰富的省份，优势明显。可以打造"政府+高校+校友企业"的就业服务平台，一方面补充地方政府提供的"就业见习岗位"，另一方面借助朋辈的力量，加强就业朋辈帮扶引导。

六、小结和讨论

调查结果表明，目前江苏省离校未就业大学生就业帮扶并不理想，本文在对政府、社会、高校、同学四个层面进行分析后发现，大多数离校未就业大学生对政府、社会、高校、同学的主观定位都为"一般"，对就业帮扶体系"非常满意"的比例偏少，仍然有相当比例的离校未就业大学生"不满意"就业帮扶体系，具体数据如表1、表2、表3、表4所示。

本次调查研究发现，离校未就业大学生就业帮扶的体系有待完善。政府层面，离校未就业大学生就业帮扶体系的信息管理平台建设滞后；社会层面，就业

帮扶实施主体联动性不强，公共就业服务体系尚未形成合力，特别是社区对离校未就业大学生的就业帮扶缺位；高校层面，学校对离校未就业大学生就业能力关注不够，追踪反馈机制不健全；离校未就业大学生自身层面，缺少科学的职业规划，就业定位不准确，高校毕业生找工作各自为战，缺少朋辈帮扶。根据调查发现的问题及前述的离校未就业大学生就业困难的原因分析，本文提出以下六点解决对策：一是运用区块链技术构建离校未就业大学生就业帮扶信息平台，加强顶层设计；二是构建三位一体的离校未就业大学生帮扶体系，合力帮助大学生就业；三是高校运用霍兰德职业类型论进行职业定向，帮助离校未就业大学生做好职业规划；四是实战辅导，适时总结，助力离校未就业大学生就业；五是构建就业能力提升平台，健全追踪反馈机制；六是借助朋辈的力量，加强就业朋辈帮扶引导。

必须指出，本次调查研究因受调查时间、范围以及抽样规模等因素的影响，研究得出的结论可能会与一些相关研究存在一定的差异，如何应用区块链技术对离校未就业大学生就业帮扶体系进行更深入细致的探讨，增强区块链应用场景黏度，是本次研究需要继续深化的地方。

［基金项目］本文系江苏共享发展研究基地开放课题"离校未就业大学生就业帮扶体系研究调查报告"（编号：20gxjd05）的阶段性成果。

［课题组成员］涂平荣、郭建勇。

参考文献

［1］周晓东，何利娟．试论如何做好离校未就业高校毕业生的职业指导［J］．教育教学论坛，2016（20）：240-241.

［2］王洋．政府和高校促进离校未就业大学生就业措施研究［J］．品牌，2015（4）：160.

［3］冯小龙．离校未就业毕业生帮扶体系初探［J］．现代经济信息，2017（9）：450.

［4］金晓迎，张绪忠，徐丽丽．浅谈如何做好离校未就业大学生的就业指导［J］．科教文汇（上旬刊），2017（8）：141-143.

［5］王壮，李双．离校未就业高校毕业生的帮扶研究［J］．创新创业理论研究与实践，2018，1（18）：121-122.

［6］李志锋．大学生就业困难群体帮扶工作现状与对策［J］．广东农工商职业技术学院学报，2016，32（1）：55-58.

［7］黄朝文，陈智旭．被就业歧视大学生就业帮扶对策研究［J］．科技创新导报，2012（25）：241.

［8］吴建雄，陈智旭．学业困难大学生就业帮扶对策研究［J］．科技资讯，2012（21）：220.

［9］陈楚玲，陈智旭．心理贫困大学生就业帮扶对策研究［J］．科技创新导报，2012（25）：226.

［10］刘帅武，梁凡，农湘平．农村建档立卡贫困户家庭高校毕业生未就业原因及帮扶对策［J］．时代农机，2018，45（10）：94-95.

［11］刘晓艳，李强．聋人大学生就业问题解析及对策［J］．绥化学院学报，2013，33（4）：55-58.

离校未就业大学生就业帮扶体系研究调查问卷

我们是南京特殊教育师范学院课题组，冒昧打扰您是希望您抽出5分钟的时间，填下这份问卷，以期改善我校离校未就业大学生就业帮扶体系，为您或家人的就业提供更好的帮助，我们将对调查结果的资料保密，所有个人资料都以统计的方式出现，您不必有任何顾虑，谢谢。祝早日找到理想的工作！

1. 您或学生家人在我校学习_____专业？

2. 您或学生家人是_____省。

3. 您或家人居住在哪里？

□城市　　　　　□城镇　　　　　□农村

4. 您或学生家人是女生还是男生？

□女生　　　　　□男生

5. 您或学生家人是聋生吗？

□是　　　　　□不是

6. 您或学生家人暂未就业的主要原因。（可多选）

□社区服务离校未就业大学生缺位　　□专业设置与社会需求符合度不高

□家庭干预较多　　　　　　　　　　□个人就业定位不准确

□就业畏难心理　　　　　　　　　　□缺乏求职技巧

□就业技能不足　　　　　　　　　　□其他

7. 您对我校就业服务的满意度。

□非常满意　　　□比较满意　　　□一般

□不太满意　　　□不满意

8. 您对社会供给大学生就业岗位的满意度。

□非常满意　　　□比较满意　　　□一般

□不太满意　　　□不满意

9. 您对政府支持大学生就业政策的满意度。

□非常满意　　　□比较满意　　　□一般

□不太满意　　　□不满意

10. 您对同学提供的就业帮助的满意度。

□非常满意　　　　□比较满意　　　　　□一般

□不太满意　　　　□不满意

11. 您希望我校提供什么就业帮助?

12. 您希望同学提供什么就业帮助?

13. 您希望政府提供什么就业帮助?

14. 您希望社会 (用人单位或中介) 提供什么就业帮助?

离校未就业大学生就业帮扶体系研究访谈提纲

我们是南京特殊教育师范学院课题组，冒昧打扰您是希望您抽出 5 分钟的时间，接受此次访谈，以期改善我校离校未就业大学生就业帮扶体系，为您或家人的就业提供更好的帮助，我们将对访谈结果的资料保密，所有个人资料都以统计的方式出现，您不必有任何顾虑，谢谢。祝您早日找到理想的工作！

1. 离校未就业大学生未就业的主要原因。

2. 目前的求职现状。

3. 求职有什么困难？

4. 希望政府、高校、社会和同学提供什么帮助？

产教融合视角下江苏省
本科院校毕业生就业研究

田思峰*

内容摘要：近年来，大学生就业受到社会广泛关注，高校毕业生就业压力剧增。本文以江苏省地方本科高校大学生就业问题为研究对象，采用宏观与微观相结合、由定量分析到定性分析的方法，对产教融合视角下江苏省本科院校毕业生就业进行了系统研究。首先，通过文献研究与调查访谈，全面总结了江苏省本科院校大学生就业状况。其次，利用统计分析方法，对影响江苏省本科高校大学生就业的因素进行了分析与归纳。再次，尝试从国家层面、高校层面以及大学毕业生层面探寻推进江苏省本科高校大学生就业的可行性对策与保障机制。最后，从产教融合的视角提出：江苏省高校应聚焦立德树人为中心开展产教融合，进一步深化人才培养供给侧和"引企入教"改革，完善学校和企业"双主体"办学、教师和工程师"双岗位"聘任、学生和学徒"双身份"的应用型人才培养模式。

本文从产教融合制度视角系统研究了江苏省本科高校的教育实践，旨在提高毕业生培养质量和就业能力，提升大学毕业生就业率。这既是对我国教育现代化进程中全面推进高等教育的有力呼应，同时也是提升高等教育质量的必然诉求。通过本文的研究，可以为我国推进江苏省本科高校大学生就业、构建有效的就业保障机制和人才培养模式提供合理化建议和参考。

关键词：大学生就业；产教融合；江苏省本科高校

---

* 田思峰，男，副教授，南京特殊教育师范学院教师，研究方向为现代教育的理论与实践。

一、江苏省本科高校大学生就业现状调查

通过文献研究与调查访谈，本文对近两年以来江苏省本科院校大学生就业状况总结如下：

（一）江苏省普通高校毕业生人数与各层次人数

2018 年江苏省普通高校毕业生总数达 56.2 万人，比 2017 年增加 0.6 万人，总量再创新高，其中，毕业研究生 5.1 万人，本科毕业生 27.2 万人，专科毕业生 23.9 万人。

2019 年江苏省普通高校毕业生总数达 56.2 万人，与 2018 年持平，其中：毕业研究生 5.2 万人，本科毕业生 27.9 万人，专科毕业生 23.1 万人。

2018~2019 年江苏省普通高校各学历层次毕业生人数比较如表 1 所示。

表 1　2018~2019 年江苏省普通高校各学历层次毕业生人数

毕业年度	总人数	其中		
		研究生	本科	专科
2019 年	562477	52345	279391	230741
2018 年	562126	51300	271746	239080

（二）江苏省普通高校毕业生生源地分布

从 2018 年、2019 年江苏省普通高校毕业生生源地来看，江苏生源毕业生人数最多，其余毕业生人数较多的生源省份有安徽省、浙江省、河南省和山东省（见表 2、表 3）。

表2　2018年江苏省普通高校分生源地毕业生人数占比统计

生源地区	江苏	安徽	浙江	河南	山东	北京、 上海、广东	西部十二省 （自治区）	其他
占比（％）	72.3	4.4	2.6	2.3	1.9	1.2	7.8	7.5

表3　2019年江苏省普通高校分生源地毕业生人数占比统计

生源地区	江苏	安徽	浙江	河南	山东	北京、 上海、广东	西部十二省 （自治区）	其他
占比（％）	68.9	4.8	2.7	2.5	2.3	1.3	9.2	8.3

（三）江苏省普通高校毕业生就业率

2018年江苏省高校毕业生年终就业率为96.9%，其中，协议就业率为75.8%，灵活就业率为2.4%，升学出国率为18.7%。2019年江苏省高校毕业生年终就业率为95.9%，其中，协议就业率为73.1%，灵活就业率为2.9%，升学出国率为19.9%。江苏省高校毕业生总体就业情况保持稳定，升学出国率进一步提高（见表4）。

表4　2018~2019年江苏省高校毕业生年终就业率对比　　单位：%

毕业年度	总就业率	其中		
		协议就业率	灵活就业率	升学出国率
2019年	95.9	73.1	2.9	19.9
2018年	96.9	75.8	2.4	18.7

（四）江苏省本科高校大学生就业去向统计分析

1. 毕业生就业地区分布

从2018年毕业生实际就业所在地来看，去除升学、出国、应征义务兵等情况，2018年江苏省高校毕业生留在江苏就业的共有33.0万人，占同期已就业人数的78.0%，其中，毕业研究生2.5万人，占同期已就业毕业研究生的60.5%；本科毕业生15.3万人，占同期已就业本科毕业生的75.7%；专科毕业生15.2万人，占同期已就业专科毕业生的84.7%。在江苏就业的毕业生中，到苏南地区就业的占65.1%，到苏中地区就业的占15.2%，到苏北地区就业的占19.7%。江苏省高校毕业生到其他省（直辖市、自治区）就业人数较多的有：上海2.6万人、浙江1.6万人、广东0.7万人、安徽0.6万人、北京0.5万人。

从2019年毕业生实际就业所在地来看，去除升学、出国、应征义务兵等情况，2019年江苏省高校毕业生留在江苏就业的共有31.3万人，占同期已就业人数的76.2%，其中，毕业研究生2.5万人，占同期已就业毕业研究生的59.4%；本科毕业生14.9万人，占同期已就业本科毕业生的74.2%；专科毕业生13.9万人，占同期已就业专科毕业生的82.8%。在江苏就业的毕业生中，到苏南地区就业的占66.7%，到苏中地区就业的占14.4%，到苏北地区就业的占18.9%。江苏省高校毕业生到其他省（直辖市、自治区）就业人数较多的有：上海2.8万人、浙江1.6万人、广东0.8万人、安徽0.6万人、山东和北京各0.5万人。

由此可见，长三角地区及江苏省苏南地区等经济发达区域依然是江苏省高校毕业生就业的主要流向地区。

2. 就业行业分析

从行业流向情况看，2018年在江苏就业的毕业生中，就业去向人数较多的行业有：制造业（7.2万人）、信息传输/软件和信息技术服务业（3.7万人）、教育业（3.1万人）；2019年在江苏就业的毕业生中，就业去向人数较多的行业有：制造业（6.3万人）、信息传输/软件和信息技术服务业（3.6万人）、教育业（3.2万人）。这与江苏省大力发展制造业和软件产业有密切关系。就业去向人数较少的行业是：采矿业、水利业、环境和公共设施管理业、农林牧渔业。

从学历层次看毕业生的行业流向，2018年和2019年江苏省吸纳毕业研究生较多的行业依次是：教育业、制造业、信息传输/软件和信息技术服务业，吸纳本科毕业生较多的行业依次是：制造业、信息传输/软件和信息技术服务业、教育业，吸纳专科毕业生较多的行业依次是：制造业、批发和零售业、建筑业。由此可见，基础行业依然是就业的基本范围。

3. 用人单位性质分析

从2018年就业单位流向情况来看，毕业生到各类企业的人数最多，达36.2万人，到各类事业单位就业的有5.0万人，到机关就业的有0.7万人。其中，

33.8 万人到基层单位和岗位就业。从 2019 年就业单位流向情况看，毕业生到各类企业的人数最多，达 34.9 万人，到各类事业单位就业的有 5.1 万人，到机关就业的有 0.6 万人。其中，32.4 万人到基层单位和岗位就业。

由此可见，各类基层企业单位和岗位依然是江苏省高校毕业生就业的主要流向。

2020 年受新冠疫情影响，由于国际大形势的下行压力，国内各个行业的就业都受到前所未有的冲击，尤其是出口相关产业受影响最大。由于就业岗位的局限，大学生就业受到社会广泛关注，高校毕业生就业压力剧增。全国高校 2020 届毕业生规模达到 874 万人，同比增长约 40 万人。加之往届未就业毕业生的巨大存量，导致毕业生就业形势更加严峻。各学历层次毕业生就业会出现比较大的下滑，对于作为就业主力军的地方本科院校而言，2020 年是最难就业年，这些不可抗拒的因素将 2020 年的就业难度推向高峰。

二、江苏省本科高校大学生就业的影响因素研究

由于地方本科毕业生就业压力长期存在，本文通过对本科毕业生就业情况进行调查分析，在借鉴相关领域学者研究成果的基础之上，从社会、学校、家庭、学生自身四个方面，对江苏省地方本科院校大学生在就业过程中出现的一些问题进行了分析和研究。

1. 社会因素

这个方面主要表现为政府的支持指导不够。我国高等教育系统大致可以归为"双一流"大学建设高校（研究型大学）、地方本科高校（应用型大学）和高职高专院校（技术型大学）三个层级。在我国，政府为了建设一批国际知名大学，在高等教育领域中进行了最大规模的重点建设，因此启动实施了许多建设项目，但是这些项目的实施均难惠及新建地方本科院校。职业教育近年来被国家高度重视，国家启动了专项资金并动员全社会关心支持职业教育发展，职业教育办学条件和规模普遍得到改善，办学水平和质量大幅提升，师资队伍建设得到快速发展，并且职业教育学校教育出来的学生大都具有一技之长。地方本科院校的人才培养受到了研究型大学对产业中高端人才供给以及高职高专院校对产业中低端人

才供给的双重挤压。这就造就了地方本科院校就业面临"高不成、低不就"的困境。尤其是新建本科院校面临的就业问题最多（所谓新建本科院校，是指自1998年以来，我国的一些地方专科学校为服务地方经济建设与社会发展，通过重组、合并、独立升格而形成的普通本科大学）。相比之下，地方本科院校，尤其是新建本科院校的发展前景、学生的职业发展前景也没有"985院校""211院校"的学生和接受过职业教育的学生那么广阔，学生在就业时整体上缺乏竞争优势，基本上处于就业的边缘位置。

2. 学校因素

这个方面主要表现为学校办学理念没有与市场需求紧密结合。首先，江苏省地方本科院校如今竞相致力于扩大办学规模，在专业设置方面存在结构性问题却无暇顾及。伴随着高校扩招，地方本科院校招生数量虽然在逐年增加，但是基于办学成本相对有限、师资力量较为薄弱的实际情况，在专业设置方面未能充分做到与就业市场需求的紧密结合。部分地方高校专业设置不合理，人才培养方式滞后，专业设置或专业改造与社会及市场需求脱节。人才培养计划制订缺乏企业的参与和反馈，培养质量难以适应用人单位最新要求，造成学生的知识结构、工作技能、综合素质等不能满足岗位基本要求。部分高校专业同质化现象严重，注重专业的大而全，没有突出专业特色，造成同类专业毕业生数量过多，竞争加剧，供给过剩；有的高校在专业设置上一味追求新专业和热门专业，没有结合自身师资等实际，造成新设专业师资薄弱，核心课程、实践课程授课质量不达标。

另外，开设专业没有前瞻性，一窝蜂跟风，造成空前的行业拥挤；一些十多年前社会急需、紧缺的专业现在可能已经达到饱和、超饱和状态，但是高校却未能适时调整，这无形加剧了地方本科院校大学生就业的困难程度，同时也增加了大学生就业心理的诸多不稳定因素。加之许多新建地方本科院校为了提高办学效益，没有完全考虑学校的长远发展，盲目地进行学科扩招，致使培养出来的学生数量远远供大于求。

同时，由于江苏省地方本科院校就业指导方式和手段单一，局限于发布就业资讯和招聘信息，普遍存在以召开就业大会落实就业指导的情况；数据应用意识不强，缺乏对学生个体信息的收集和分析，缺乏分类指导，就业信息推送精准性不强，没有较好地结合学生就业倾向进行精准的信息推送，人岗匹配意识较弱。由于缺少引导，学生就业精准性、针对性不强，学生普遍对自己的个性特点、就业优劣势、人生规划、职业规划等缺少目的性；没有通过阅读和实践寻觅到自己的志趣，不善于学习，知识储备不足，导致就业意识淡漠滞后。

此外，由于学校办学理念没有与市场需求紧密结合，学校对学生就业心理疏导的重视不足，学生心理危机防御机制尚不健全，心理干预意识欠缺，造成部分学生在毕业季面临空前的恐慌、无助。当前的"就业难"与"招聘难"长期存在的主要原因是江苏省地方本科院校高校人才培养没有较好地适应市场需求，人才培养计划特别是实践教学质量较低，造成毕业生不能胜任岗位基本要求。

3. 家庭因素

家庭方面的因素主要包括家长的期望过高、父母的教育水平及职业局限性、教育投入超过预期、独生子女现象普遍等。

在我国，受传统观念的影响，各个家庭对于孩子的教育都非常重视，现阶段很多家庭属于独生子女家庭，家长对于子女的教育投入意识是普遍积极的。在孩子接受九年义务教育、进入高中之后，家长大都希望子女继续接受高等教育的意愿，使其将来有更好的发展空间。因此，教育支出占据家庭经济支出的重要部分，好多家庭即使比较贫困，仍然会努力通过各种途径筹集资金提供给子女继续接受高等教育的机会。在部分负债上学的大学生中，从入学起就不免背负了沉重的心理负担，因此在大学毕业就业时，首先考虑的就是工资薪酬与教育成本的投资回报比例，权衡成本收益成为他们进行职业规划的重点。家庭的期望值导致大学生就业的期望过高。综合各种就业情况的利弊，充分权衡教育投资的回报，使大学生在就业选择时会瞻前顾后、谨小慎微。

4. 学生因素

根据马洛斯需要层次理论，人的需要分为基本需要和高级需要，而基本需要包括生理需要、安全需要、归属和爱的需要、尊重需要。根据该理论，只有基本需要被满足，人才能健康成长，人格才会比较健全。在接受大学教育之后，当自己的基本就业愿望得不到满足时，往往会出现心理失衡，如若这些消极情绪得不到及时有效的调节，学生的心理就会受到不同程度的影响，有可能发展到病态人格，轻则消极待业，重则造成难以挽救的后果。

对于就业的恐惧和压力，致使部分大学生对未来持悲观情绪，学习目标模糊，学习态度淡漠，学习动力不足，得不到应有的教育体验，在毕业季社会认同接纳不足，放大了理想与现实之间的差距，这一点在地方本科院校大学生的就业心理方面体现得更为明显。大学生处于人生转型期，心理上还不太成熟，一般会把社会想得过于理想化，在就业时就会出现"高不成、低不就"的普遍现象。

一些理想的高薪职位，单位招聘时就业岗位非常有限，更注重名校毕业生和实践经验，这会让地方本科院校的毕业生感到无奈、无助，无所适从。更多的毕业生将选择去一般的"三资"企业、私企、社会机构寻找工作，可企业更看重的是实际工作能力，他们对刚毕业的大学生有着近乎苛刻的要求，薪金待遇也很低，由于许多大学毕业生都缺乏工作经验，不太懂得人情世故，时常表现得心高气傲，结果要么被老板干脆辞退，要么被同事排挤打压，要么被自我否定离去，由此引发了毕业生频繁跳槽、企业反复招聘的这种循环往复的过程。

三、江苏省本科高校大学生就业对策研究

陈宝生部长曾在全国本科教育大会上讲道："将学科研究新进展、实践发展新经验、社会需求新变化及时纳入教材，不能再用过时的知识培养明天的毕业生。"本文对影响江苏省地方本科院校大学生就业的政府、社会、学校、个人因素等层面，采用宏观与微观相结合、由定量分析到定性分析的方法，对本科院校大学生就业现状、影响因素及解决对策做了细致的归纳与探究，简要概括如下：

1. 政府层面

基于我国目前江苏省地方本科院校大学生就业市场还不成熟的实际，各级政府要进一步加强政策引导，指导高校整合各种市场资源，推行产教融合引领机制，促进就业龙头企业融入院校，不断拓展新的市场，完善现有的人才市场机制。

作为产业与教育交互形成的发展共同体，当前产教融合是统筹推进教育综合改革的重要举措。江苏省地方本科院校只有通过产教融合破除教育与产业关系的魔咒，才能破解所面临的与政府、社会组织和市场边界不清、政策落地不实、协同机制不畅等现实困境。地方本科高校在目标定位、人才培养和教师队伍等方面对"有影响力的"中心大学——"双一流"大学建设高校的依附短期很难改变。破解制约地方本科高校产教融合障碍应建立"清单机制"，赋权社会组织，开展产教融合型企业认证，强化企业重要的主体作用，将产教融合校企"一条线"升级为政府、企业与学校组成的"铁三角"，推动制度供给落地，打通产教融合"最后一公里"，形成政府、企业、学校、行业、社会协同推进的工作格局。

2. 社会层面

产教融合的具体内容"包括专业与产业对接、学校与企业对接、课程内容与职业标准对接、教学过程与生产过程对接"，既涉及人才培养模式创新，还关涉社会教育服务供给和社会组织形态变革。产教融合"将人才'供给—需求'的单向传导机制转变为'供给—需求—供给'的闭环反馈机制，促进了人才需求侧和教育供给侧要素全方位融合，从根本上解决人才供需之间的结构性矛盾"，是深化社会供给侧结构性改革的重大举措。

产教融合模式根据目标导向的不同可以分为人才培养型、研究开发型、生产经营型和总体综合型四种类型。社会层面，同步规划产教融合与经济社会发展，结合实施创新驱动发展、新型城镇化、制造强国战略实施产教融合工程，开展产教融合型城市建设等试点，支持有条件的地区、学校、行业和企业先行先试；企业层面，加强财税用地和金融支持政策协同，调动企业产教融合的积极性和主动性，在全社会营造产教融合模式氛围。

3. 学校层面

江苏省地方本科院校应开展深度校企合作：以产业需求为中心，深化人才培养供给侧和"引企入教"改革，加大开放办学力度，主动对接企业，构建适应产业转型发展需求的办学体制机制；"引企入教"改革，完善学校和企业"双主体"办学、教师和工程师"双岗位"聘任、学生和学徒"双身份"的应用型人才培养模式，构建产教融合共商、共建、共享的责任共同体、利益共同体、发展共同体。搭建开放式教育服务供给平台，培育校企合作办学的新动力、新业态、新生态，促进教育链、人才链与产业链、创新链有机衔接，建构以产兴教、以教强产、良性互动的产教融合长效机制。建立产教融合视角下的江苏省本科高校人才培养模式，学校层面，应以行业、职业要求为参照，社会需求为导向，以学生实践能力和创新精神培养为核心，通过课程内容与职业标准对接、教学过程与生产过程对接、专业链与产业链对接，建立专业跟着产业走，课程跟着专业走，师资跟着课程走的良性机制。

在专业开设方面，学校办学理念应该与市场需求紧密结合。作为江苏省地方本科院校，首先应该注重结合市场需求，调整自己的专业设置。虽然各高校都在扩招更新，地方本科院校应该结合自己院校师资力量的实际，不能只追求扩大规模的外延式发展，而应该追求培养高质量、高水准、高素质人才的内涵式发展，转变办学理念。在专业设置方面，具有前瞻性，应该做到与就业市场需求紧密结合，将一些社会上已经饱和、超饱和状态的专业予以淘汰，坚决关停。新开设一些具有职业发展前景的专业，对学科专业结构做出相应的调整，从而促进学生成功就业。

学校积极推进就业指导工作，在职业生涯规划指导机制方面应遵循"四化"。一是"全程化"。在一、二年级进行职业生涯规划教育，三、四年级开设就业指导课及实战演练，实现学生和学徒"双身份"的应用型人才机制，把就业教育贯穿于大学四年成长的全过程。二是"全员化"。调动全校教职工与毕业生建立对应的就业指导服务关系，为学生提供个性化的就业指导与服务，实现就业指导"一对一""全覆盖"，形成"人人关心就业，人人参与就业"的工作格局。三是"信息化"。通过各种就业平台、微信平台、QQ 在线咨询，进一步完善就业网络信息建设，形成全方位、立体化、无间断的"网上就业服务平台"，提高信息化管理与服务水平。四是"专业化"。组建专业就业服务队伍，加强培养和培训，积极参加国家和省市主办的就业、创业、职业生涯规划研讨班，定期举办就业沙龙、就业培训会，交流工作经验，分享工作体会，不断促进就业队伍的专业化水平。

地方高校应以"共同投入、共同培养、共担责任、荣辱共享"为目标，与行业企业合作共同制定培养标准，共同构建课程体系，共同开发教材讲义，共同组建教学团队，共同建设实训基地，共同实施培养过程，共同评价培养质量，共同促进就业创业，健全多主体、全方位、紧密型的协同育人机制，实现"企业人力资源建设前置到学校，学校人才培养延伸到企业"的融合目标。

4. 学生层面

从发展模式来看，江苏省地方本科院校需要改变传统的精英化教育模式，通过建立产学融合机制为核心的导师制，以提升毕业生的就业竞争力。尊重学生根据自己的职业规划进行选择性学习的权利，建立健全大一、大二自主申请转专业机制，增加学生选择专业的自由度，精准定位，可以改被动学习为主动学习；深化弹性学制与学分制改革，允许学生跨专业学习，学分平行化，引导学生终生学习；构建就业导向的实用性，建立指向人生实践的课程体系，让学生带着目标学习；深化"引企入教""产学结合"办学模式，通过制度安排明确规范企业在校企合作中的责任和义务，引导行业企业参与高校人才培养以及增强企业自身的人才储备能力，实现共赢；根据新形势升级"校企对接""岗位对接""订单式培养"等教育模式，才能人无我有，人有我精，全面提升学生就业能力。

高校立身之本在于立德树人，应聚焦立德树人为中心开展产教融合。江苏省地方本科院校产教融合应对焦需求、变焦应用、聚焦中心，从地方经济发展、产业行业发展的契合度来精准确定办学定位，面向新时代背景下专业、行业主战场，为地方经济社会发展和行业培养应用型人才。依据行业和岗位的需求，坚持以学生能力发展为中心的导师制，将思想政治教育、创新创业教育贯穿于人才培养全过程，让学生学会做人、学会合作、学会学习、学会创新。

5. 教师层面

为了发挥教师在学生培养中的主导作用和学生的主体作用，还应倡导教师更多地参与本科生指导工作，建立新型师生关系，以提高学生培养质量，指导学生考研和就业，本科教育应实行导师制。下面对本科生导师遴选、工作职责及管理给出以下建议：

（1）本科生导师的任职要求。第一，具有较强的工作责任心，严于律己，为人师表，热爱学生，关心学生的成长和成才；第二，教授、副教授、讲师和具有研究生学历的本专业教师原则上均应担任本科生导师，具有博士学位教师必须作为导师负责对学生的指导。

（2）本科生导师的配备。第一，本科生导师由系统统一选配，由一位教师指导若干名学生（一般不超过10名）；第二，导师组一般不少于三名教师，至少含一名企业代表，导师组组长由教授担任。

（3）本科生导师的主要工作职责。本科生导师要关心学生综合素质的提高。其中，低年级导师一方面应指导新生掌握大学的学习规律和学习方法，尽快适应大学的学习方式，端正学习态度，树立良好的学风和考风；另一方面要帮助学生认识和了解本专业的培养目标、培养规格和培养计划并指导做好大学规划。高年级导师要为学生选择专业提供建议，指导有考研意向的学生考研等。本科生导师的主要工作职责包括：

第一，关心学生的思想进步，引导学生明确学习目的和成才目标，端正专业思想和学习态度，促进学生知识、能力、素质协调发展。

第二，言传身教，以自己严谨的治学态度、优良的职业道德影响学生，注重学生的个性健康发展和科学精神、人文精神的培养。

第三，针对学生个体差异，对学生选课、专业发展方向选择、学习方法等方面进行指导。

第四，及时发现学习成绩突出和有特殊专长的学生，提出因材施教的特殊培养计划，指导学生确定考研方向和学校，帮助学生制订学习计划，组织学生实施考研全过程并确保指导学生的考研率。

第五，每学期开学初必须与学生见面，并保持一定频度的接触，每月与被指导的学生面谈或集体指导不少于一次，每学期参加学生集体活动或面向学生开设讲座不少于一次。

（4）组织领导和管理。为保证本科生导师制的顺利实施，各院系应成立本科生导师制实施领导小组，由系主任担任组长，分管本科生教学工作，其他符合导师条件的教师作为成员；根据实际情况，制定相应的管理规定和实施细则，抓好本科生导师制的工作落实，勇于实践，积极探索，大胆创新，积累经验，不断完善。

本科生导师应根据学生实际加强对学生就业价值观方面的引导作用，办学理念应该紧密地与市场需求相结合，切实加强对学生的就业指导与教育，全面建立健全学生心理危机防御机制，以达到降低学生毕业后在就业中出现心理障碍与冲突的目的。

四、结语

江苏省地方本科院校大学生就业问题本身具有复杂性，它既与大学的人才培养规模、结构与质量相关，还与国家或地区的产业结构相关。从表面看，江苏省地方本科院校大学毕业生就业质量是由大学人才培养规格与社会需要之间的矛盾造成的，但是问题的根源在于高等教育结构与产业结构的衔接度过低。因此，解决问题的根本在于从产教融合视角下优化我国地方高校教育结构，创新高等教育发展模式，不断完善人才市场机制，建立国家、各省（市）和高校三级人才联动机制。

大学是社会的灯塔，超越是大学的本性。江苏省地方本科高校产教融合应主动融入"大众创业、万众创新"等计划，为经济社会发展创造价值，面向新时代背景下专业、行业主战场，为江苏省地方经济社会发展和行业培养应用型人才。

［基金项目］本文系江苏共享发展研究基地开放课题"产教融合视角下江苏省本科院校毕业生就业研究"（编号：20gxjd09）的阶段性成果。

［课题组成员］王兵、李拉、丁宝龙、梁子浪、李敏、黄荣波。

参考文献

［1］袁东东．大数据背景下大学生就业指导对策研究［J］．中国大学生就业，2020（5）：59-64.

［2］许士密．依附论视域下地方本科高校产教融合的困境与超越［J］．江苏高教，2020（6）：49-55.

［3］王晓亮．新建本科院校大学生就业心理问题及对策研究［D］．西安：西安工程大学硕士学位论文，2015.

［4］张年东，魏小娜．口语交际教学内容的反思与重构［J］．语文建设，2012（Z1）：33-36.

［5］赵明．我国大学生就业质量提升的对策研究［J］．江苏高教，2019（10）：67-72.

［6］张福生．本科生导师制人才培养模式研究［J］．辽宁工学院学报（社会科学版），2006（3）：139-142.

［7］张海清，肖层林，陈光辉，唐启源．农学类本科生"三位一体"全程导师制的研究与实践［J］．河北农业大学学报（农林教育版），2012，14（6）：42-46.

［8］李农．本科生导师制：高校人才培养模式的实践与探索［J］．学习月刊，2006（14）：93-94.

关于在学校教育中进一步加强
公共卫生和健康教育的建议

曾红艳*

内容摘要：公共卫生，重在预防。当前"新冠肺炎"疫情突然暴发与持续蔓延暴露出我国公共卫生领域的许多问题，尤其凸显出公共卫生和健康教育的短板，具体表现为全民公共卫生意识较弱，公共卫生知识不足，健康保护意识薄弱，心理紧张和心理障碍时有发生等。因此，需要政府更加高度重视公共卫生和健康教育活动的开展。本文聚焦学校教育中公共卫生和健康教育不足问题，认为从更长远看，需要在学校教育中加强公共卫生和健康教育，使之贯穿于整个教育体系，提高全民预防的意识与能力。为此，本文提出如下对策建议：第一，公共卫生和健康教育从小抓起、从娃娃抓起，从幼儿园以及小学开始，公共卫生和健康教育单独成课；第二，在初中教育阶段，公共卫生和健康教育纳入各地中考科目；第三，丰富教育内容，完善教学体系；第四，创新教育形式，充实专业师资。

关键词：学校教育；公共卫生；健康教育

一、加强公共卫生和健康教育的必然性

当前"新冠肺炎"疫情突然暴发与持续蔓延暴露出我国公共卫生领域的许多问题，尤其凸显出公共卫生和健康教育的短板。总体来看，全民公共卫生意识

---

* 曾红艳，女，博士，南京特殊教育师范学院讲师，研究方向为无障碍产业、政治经济学。

较弱，公共卫生知识不足，健康保护意识薄弱，心理紧张和心理障碍时有发生等。加强公共卫生和健康教育刻不容缓。

首先，公共卫生，重在预防。我国的城镇化进程有其独特国情，500万以上人口的特大城市将会成为主流，更有相当数量1000万以上人口超大城市。这种数量的超大城市人类历史上还没有过，公共卫生系统建设在短时间内难以跟进。因此，公共卫生重在预防。党的十九大将"实施健康中国战略"纳入国家整体发展战略予以统筹推进，提出要实现国家卫生健康事业发展和人民健康水平持续提升，要为决胜全面建成小康社会、建成社会主义现代化强国打下扎实的根基。健康中国战略特别提出"预防为主""健康融入所有政策"的工作方针，《"健康中国"2030规划纲要》则明确将"预防为主、关口前移，推行健康生活方式，减少疾病发生"作为重要内容，强调"预防为主"工作方针的极端重要性。通过预防性的卫生保健规划促进国民健康的生活，建立一个健康的国民群体具有必然性。

其次，实现预防水平有效提升，凸显教育的重要性。文献研究表明，学校教育依然是人民群众获取公共卫生和健康知识的主要途径之一。因此，在学校教育体系中，对公共卫生和健康的教育应予以足够的重视，才能不断满足新时代人民对美好生活的向往，对健康的共同追求。

最后，青少年时期可塑性强，是形成各种良好习惯的关键时期。从小开始接受系统的公共卫生和健康教育，将为终身健康奠定坚实基础，有利于整个社会公共卫生与健康意识增强。

二、当前学校公共卫生与健康教育实践中的不足

一是中小学公共卫生与健康教育课时较少，实施分散。一方面，中小学尚未开设独立的公共卫生与健康教育课程，现阶段健康教育主要由《体育与健康》课程承担。《体育与健康》课程中涉及体育与健康知识的教学课时是每学期四节课，总体来看课时偏少。另一方面，根据《江苏省义务教育体育与健康课程实施方案（试行）》，《体育与健康》课程教学内容的侧重点是：小学阶段加强基础运动技能的培养，形成运动认知，奠定体能素质发展基础；初中阶段是继续加强

基础运动能力培养，掌握多样性运动技能，发展体能素质。其中，对公共卫生与健康教育的重要性缺乏应有的重视。此外，公共卫生和健康教育的实施分散在科学、体育、德育、生物课、班团队活动、专题教育中，并没有单独成为一门系统课程，与国际通行做法不符。

二是课程师资力量薄弱，专业背景不强。①中小学《体育与健康》课程主要由体育教师担任，他们的公共卫生和健康教育的专业背景不足。②在学校方面，在营养科学、公共卫生、疾病预防等领域没有常任教师，缺乏对学生进行常见病及预防、膳食均衡等知识普及教育。③就心理健康教育来看，专职教师缺少对学生进行普遍性的积极健康心理教育，往往将工作重点聚焦于学习困难、考试焦虑、情感困惑的问题学生。

三是教学形式单一，考评标准有待完善。一方面，在公共卫生和健康教育中，往往存在"填鸭式""满堂灌"现象，有趣、互动的方式不足，科普课程和小实验不足，难以有效形成中小学生的健康素养意识，以及自我健康保护意识和疾病预防意识。另一方面，考评标准对过程性考核不够重视，对学生形成相应能力的考评重视不足。

四是高等院校在培养学生专业性的同时，也往往忽视了对公共卫生和健康教育的培养。在高等院校人才培养方案中，往往没有明确的公共卫生教育的教学内容。

三、中小学进一步加强公共卫生教育的建议

第一，公共卫生和健康教育要从小抓起、从娃娃抓起，贯穿于整个教育体系。从幼儿园、小学至初高中教育阶段，公共卫生和健康教育要单独成课。在初中阶段，公共卫生和健康教育纳入各地中考科目，加强重视程度。高等院校在培养学生专业能力的同时，也要强化公共卫生教育对于学生发展的重要性。

第二，丰富教育内容，完善教学体系。一方面，在教学内容上，注重培养学生认知生命质量，识别健康危险因素，学会健康保障、健康管理，养成良好生活方式。要根据季节的变化和相关情况，将流行病、传染病预防知识纳入授课计划。促进学生对传染病、食品安全、环境安全、精神卫生、心理健康、健康教

育、健康管理等的认知。在个人卫生习惯养成方面，教育学生养成勤洗手，不乱丢垃圾，吐痰、咳嗽和打喷嚏使用纸巾，保持公共厕所清洁，健康饮食和定期运动，去人口密集流量大的地方戴口罩等的良好习惯。在健康生活方式上，关注青少年生长发育、预防接种、用眼保护、龋齿防治等生理卫生及良好饮食、作息时间等健康教育宣传指导。另一方面，在教学体系上，注重小学、初中、高中教学内容的衔接和体系化。

第三，创新教育形式，充实专业师资。在教育形式上，增加科普课程，以及小实验课程，可以借助数字媒体，健康展览，家长与孩子一起学习等方式，创新教育方式，增加趣味性、互动性。在专业师资配备上，设立专兼职授课老师，由具有专业背景的教师任课，并进一步规范培养和加强职后培训。

科学应对民生领域突发公共事件，提高干部专业行政能力的建议[①]

张伟锋[*]

内容摘要： 本文认为，江苏省认真总结本次疫情防控的经验和教训，先行先试，大力提高民生领域领导干部专业行政能力，是把落实党中央要求、满足实践需要、符合基层期盼三者统一起来，探索民生保障治理体系和治理能力现代化的可取之举。为此，本文建议：第一，要科学、准确地把握民生领域对行政干部专业能力的要求。第二，精准施策，多管齐下，指导各业务部门主管转变成为懂专业的领导干部。第三，可以用党建带动全社会的民生建设，号召党员干部深入民生一线，动员社会各方力量积极参与其中。

关键词： 突发公共事件；疫情防控

新冠肺炎疫情是一次重大突发公共卫生事件，传播速度快、感染范围广、防控难度大。对我国国家治理体系和治理能力来说，这既是一次危机，也是一次大考。实践证明，在党中央准确判断、及时部署、果断决策、有力举措的指导下，防控工作取得了显著成效，再次彰显了中国共产党领导和中国特色社会主义制度、举国动员体制的显著优势。习近平同志多次指示，要求研究和加强疫情防控工作，要放眼长远总结经验、吸取教训，针对这次疫情暴露出来的短板和不足，抓紧补短板、堵漏洞、强弱项。在统筹推进新冠肺炎疫情防控和经济社会发展工

---

① 本文为响应社科联《关于征集新冠肺炎疫情防控及应对研究成果的通知》的号召提交的建议稿。

* 张伟锋，男，博士，南京特殊教育师范学院特殊教育学院副教授，研究方向为特殊教育资源整合与专业团队合作、特殊儿童教育与康复。

作部署会议上，习近平明确指出："这次疫情防控工作中，一些领导干部的治理能力和专业能力明显跟不上，必须引起高度重视。我们要增强综合能力和驾驭能力，学习掌握自己分管领域的专业知识，使自己成为内行领导。"

为全国发展探路，是总书记和党中央对江苏的一贯要求。江省认真总结这次抗击疫情的宝贵经验和教训，先行先试，精准施策，大力提高民生领域领导干部的专业行政能力，提升突发公共事件的专业应对能力，是把落实党中央要求、满足实践需要、符合基层期盼三者统一起来，探索民生保障治理体系和治理能力现代化的可取之举。我们结合自身在民生领域的研究经历、专业管理经验和对台湾地区教育、卫生、福利等民生领域的访学考察，提出以下具体建议：

一、科学、准确把握民生领域对行政干部专业能力的要求

民生领域的活动和经济生产活动、科技活动一样，都是人类历史和现实生活中不可替代或缺失的部分。不同于经济部门和科技领域、民生领域的专业知识，大多都属于健康卫生、人文科学、社会科学。它们针对研究主题，有不同于经济和科技的研究方法，甚至有不同的思维方式，它们更多的是对人本身的价值观照和心灵关怀。它们在自身演变的历史长河中，都有各自发展的历程和学科规律，形成了独特的学科知识体系。因此，在卫生、教育、民政、残联等部门所关涉的民生领域，我们不能都按照市场经济的逻辑或自然科学规律来办事，也不能让头脑中只有市场经济手段、不懂民生专业的行政干部来治理这些领域。

建设"强富美高"新江苏，决胜高水平全面建成小康社会，全面实现"十三五"规划目标，率先基本实现现代化，落实长三角区域一体化发展战略，不断开创各项工作新局面，对江苏省各民生领域的领导干部提出了更高的能力要求。因而，在卫生、教育、人力、民政、残联和行业高校等专业性要求较高的业务岗位上，既要注重评价干部的行政管理、领导组织能力，也要有相应政策措施保证任用的行政干部具有与岗位相匹配的专业能力，使他们具备基本条件，既能处理好日常管理与运行中的行政事务，还有专业能力能在应急突发公共事件中发挥领导作用，能够指导该领域的改革创新、高质量发展。"强富美高"新江苏这一

"大写意"要变成细腻生动的"工笔画"，不是靠喊口号，不是靠发文件，而要靠各个业务部门的主管领导懂专业、有情怀、接地气、出实招，运用手法一笔一画地去绘制。把专业不对口的干部放在业务性强的部门，可能在较长一段时间内，他都是学习者、跟随者，甚至是工作改革推进的绊脚石，不会是真正的全面领导者。这种做法既不利于党和政府对领导干部的培养，也不利于江苏省现代化事业的发展。

二、精准施策，指导各业务部门主管
转变成为懂专业的领导干部

江苏省民生领域要在党的领导下，遵循马克思主义哲学指导思想和学科自身的逻辑，让专业人做专业事，只有这样才能逐渐实现这些领域高质量、高水平的行政治理。以台湾地区为镜鉴，台湾地区"特殊教育法"规定，各级主管机关承办业务人员应选用特殊教育相关专业人员，并在实施细则中进一步规定，若选用非专业人员，需修读大学开设特殊教育课程 3 个学分以上，或参加各级主管机关举办的特殊教育专业研习 54 个小时以上。台湾地区卫生、教育、福利、劳动等民生领域的"法律法规"中都有类似规定，并严格执行、接受评鉴。以此为鉴，江苏省应根据新的时代要求和江苏发展的阶段性特征精准施策，逐步使民生领域的行政干部具有更强的专业能力。

第一，建立业务岗位行政领导人员准入制度。实施民生领域业务部门基层行政领导人员准入制度，从入口上对进入基层行政领导岗位的人员进行把关。通过制定业务行政领导人员管理办法，明确准入的专业、学历要求，确定获得行政领导岗位各方面的具体条件，强调应具有相关行业专业背景或行业管理经历，不断提高不同层级行政领导人员的专业能力要求。

第二，业务干部以系统内升迁调动为主，减少跨系统交流。鼓励江苏省内干部在本业务系统内升迁调动，让有专业情怀、专业理想的人在本专业的业务岗位上，做专业的事，让新江苏的"工笔画"在专业人士手下绘制得更细腻生动。从上到下，逐步杜绝无前置专业学习和培训的跨系统干部调动（特殊个案除外）。鼓励外调交流的干部再升迁回本业务系统，发挥更大作用。

第三，发挥省域高校的学科平台和人才库作用。在"双一流"院校加强相关民生领域行政管理专业建设，尤其是硕士博士学位点建设，培养民生领域行政管理方面的后备专业人才。在有相关专业的高校，选拔一批既有较高专业素养、有学历、有职称，掌握社会科学研究方法，又有行政潜力的专业人员，进入民生领域相关业务部门的行政领导岗位或后备培养。

第四，要求领导干部跨专业学习，掌握基于专业的治理集成方法。鼓励有专业背景的行政干部，以人民为中心，坚持问题导向，跨专业学习，培养整合意识，以应对诸如特殊教育、儿童康复、社会工作等综合性工作领域的多样需求，实现基于专业的综合治理、方法集成。要求领导干部能做出基于专业，而不囿于单一专业的统整式指导，推进真正高质量、高水平的行政治理。制定相应领域的专业行政能力标准体系，避免卫生、教育等部门行政干部考核与其他部门完全一致，对不同层级行政领导人员实行多元、灵活、开放的评价。通过建立基层行政系统专业选调生制度，同时鼓励行政干部不断进修学习，来充实行政领导人员队伍的专业能力。

第五，让一流学科教授走进党校，加强干部学员专业化脱岗培训。在本次疫情防治进入持久战之时，江苏省党校、行政学院、各级干部学院可以先行一步，认真总结本次疫情抗击中各级领导干部所展现的"工作本领""忧患意识"正反两方面经验及教训，充分发挥自身主渠道、主阵地作用。比如，开展教学改革，创新培训内容，开展继续教育，落实党中央要求，组织不同条线的行政干部学习掌握自己分管领域的专业知识。邀请一流学科教授走进党校，用他们的前沿成果、创新思维等学识来为党培养更多有专业素质的领导干部，帮助干部学员尽快转型为内行领导。在各类主体班次中把和各领域相关突发公共事件相关的各类应急管理知识作为必修内容。

第六，把懂专业、推改革的领导干部放在干事创业的位子上。本次疫情防控中，各地大多都面临制度规则不健全，相关机构设置重叠，管控调配处置保障等工作缺精细、缺实操，基层执法施策有些简单随意等问题（李大进，2020）。上至党中央要求的落实，下至这些问题的解决，关键都在于人。若没有懂专业、推改革的领导干部，在能干事创业的岗位上，坚持问题导向，分清主次，创造性地去解决困难，一个一个落到实处，各地工作就都会落入形式主义、官僚主义的窠臼。不懂专业的在岗行政干部，可通过专门脱岗培训学习，尽快对业务岗位的专业要求做到应知应会，掌握必需的专业知识，达到工作需要。同时，还需要组织部门和用人单位慧眼识才，把真正懂专业、推改革、能创新的行政干部扶上马、送一程。

第七，镜鉴台湾，完善机制，明晰权责，跨界融合。我们三个多月实地考察发现，我国台湾地区在教育、医疗、社会福利、劳工等民生领域有比较先进、完备的社会治理体系，权责明晰，无缝衔接，较好地实现了行政、法律、学界、一线实务等各界的良性互动。台湾与江苏交流频繁、合作紧密。2019 年江苏省经济总量接近 10 万亿元，相当于 20 个欧洲国家 GDP 总和，等同中等发达国家水平，已经具备经济基础来逐步完善形成更合理的民生保障治理体系和机制，发挥好学界专家作用，最终形成政府主导、部门协同、学界引领、社会参与的民生工作格局，在全国率先实现公平而有质量、高水准的民生保障治理现代化。

三、号召党员干部深入民生一线，动员社会各方力量积极参与

经历这次疫情之后，为了落实党中央要求，各省市的一些机构和领导干部应该会进行重大调整，今后在考核和任用干部以及地方政府业绩时，不仅要考虑经济发展，还会更加注重对民生等方面的考核，尤其重视民生领域领导干部胜任岗位的专业能力，要促使各级政府的民生工作有更多实效、改革创新和可持续发展，以使落实党中央要求、满足实践需要、符合基层期盼三者统一起来。厦门市已在这方面走在全国前列。2019 年 12 月，厦门市四大班子领导集体共同出席"爱心厦门"建设动员大会，号召通过全市上下的共同努力，形成以党建带社建，以社建促和谐，以和谐促发展的工作格局。建设"爱心厦门"是厦门市委、市政府坚持以人民为中心的发展思路，努力让发展成果更多、更公平地惠及全体市民的民生工程，也是落实社会共建共治共享、提升城市精神高度与人文温度的民心工程。

为了发挥我党在民生领域总揽全局、协调各方的领导作用，深化"不忘初心，牢记使命"主题教育活动，充分发挥党员干部的模范带头和示范引领作用，江苏省可以探索用党的建设带领全社会的民生建设。一方面，强化党政主导，完善工作保障，发动各级党员领导干部带头做表率深入民生一线，对需要特殊关爱

的困难群体进行结对帮扶。另一方面，广泛组织动员社会各方力量积极参与，在资源、服务、合作机制等方面发挥积极作用，加大社会支持力度，整合各类社会资源，大力培育发展不同类型社会组织，搭建民生公益服务需求、帮扶、宣传、统筹平台，完善志愿服务体系，形成江苏省特色的党委领导、政府负责、部门协同、社会参与、全民共建的民生工作格局，逐步实现江苏省民生保障治理体系和治理能力现代化。

参考文献

［1］丁勇．"十四五"时期我国特殊教育高质量发展的思考与建议［J］．现代特殊教育，2021（7）：8-15.

［2］Wu W. T. Review on inclusive education in Taiwan［J］．Journal of Education Research，2005（136）：28-42.

［3］Wu W. T. Inclusive education in Taiwan［J］．Chinese Education and Society，2007，40：4+76-96.

［4］凌亢，李泽慧，孙友然，白先春等．残疾人蓝皮书：中国残疾人事业发展报告（2020）［M］．北京：社会科学文献出版社，2020.

［5］张伟锋．跨学科整合观在特殊教育发展中的实践向度探讨［R］．2019年中国高等特殊教育年会，2019.

［6］台湾地区教育主管部门．特殊教育发展报告书［M］．台湾地区教育部，2008。

［7］台湾地区特殊教育的有关规定（1984，1997，2001，2004，2009，2013，2014，2019）。